本书由重庆文理学院学术专著出版资助

重庆市高等教育教学改革研究项目"群团改革背景下高校共青团工作评价体系的构建与实践"（课题编号：173137）

奋斗的青春最美丽

——做新时代德智体美劳全面发展的大学生

刘明明　胡守敏　著

辽宁人民出版社

图书在版编目（CIP）数据

奋斗的青春最美丽：做新时代德智体美劳全面发展
的大学生／刘明明，胡守敏著. —沈阳：辽宁人民出版
社，2021.1

ISBN 978 - 7 - 205 - 10048 - 3

Ⅰ. ①奋… Ⅱ. ①刘… ②胡… Ⅲ. ①大学生—德育
—研究—中国 Ⅳ. ①G641

中国版本图书馆 CIP 数据核字（2020）第 250265 号

出版发行：辽宁人民出版社

地址：沈阳市和平区十一纬路 25 号　邮编：110003

http：//www.lnpph.com.cn

印　　刷：辽宁鼎籍数码科技有限公司

幅面尺寸：170mm×240mm

印　　张：13.25

字　　数：260 千字

出版时间：2021 年 1 月第 1 版

印刷时间：2021 年 1 月第 1 次印刷

责任编辑：朱静霞

装帧设计：意·装帧设计

责任校对：吴艳杰

书　　号：ISBN 978 - 7 - 205 - 10048 - 3

定　　价：48.00 元

前　言

　　中国共产主义青年团一直吸纳着广大青年中的先进分子，始终是中国共产党的有力助手和有生气有活力的后备军。旗帜鲜明讲政治是我们党作为马克思主义政党的本质属性和根本要求，讲政治自然应是共青团组织义不容辞的政治责任和政治自觉。

　　党旗所指就是团旗所向。新时代共青团要坚持以党的旗帜为旗帜、以党的方向为方向、以党的意志为意志。各级共青团组织要将坚定地跟党走写在自己的旗帜上，始终不渝听党话、跟党走。

　　我们党始终对共青团予以高度信任和寄予厚望，始终关怀广大团员青年的健康成长，源源不断地从青年优秀分子中选拔为党工作的各类人才。党中央站在时代发展和党的建设战略高度鲜明地指出，青年工作抓住的是当下，传承的是根脉，面向的是未来，攸关党和国家前途命运。共青团的所有工作，归结到一点，就是要当好党的助手和后备军。这是党中央赋予新时代青年工作的战略地位。

　　新时代背景下，中国教育从"五育并举"走向"五育融合"既是基本趋势也符合教育发展规律。融合育人，是一种教育理

1

念，也是一种思维方式，更是一种创新性教育实践方式。2018 年 9 月 10 日，全国教育大会强调要培养德智体美劳全面发展的社会主义建设者和接班人，并对德智体美劳教育的内容提出了明确要求，强调要在学生中弘扬劳动精神，教育引导学生树立正确的劳动观念，培养学生养成良好的劳动习惯，能够切实参加各项劳动教育活动。2019 年发布的《中国教育现代化 2035》进一步提出：更加注重学生德智体美劳全面发展，发展中国特色世界先进水平的优质教育。至此，立德树人、五育并举成为全体教育人的共同目标。2020 年 3 月印发的《关于全面加强新时代大中小学劳动教育的意见》着重强调，把劳动教育纳入人才培养全过程，贯通大中小学各学段，贯穿家庭、学校、社会各方面，与德育、智育、体育、美育相融合。从"五育不全"到"五育并举"，再到"五育融合"，回归和回答了新时代我们究竟需要培养什么样的人、为谁培养人以及高效培养全面发展的人才这个根本问题。

用理想信念照亮奋斗方向，涵养奋斗的精神风貌。理想信念是奋斗的灵魂，引领奋斗的方向和目标，孕育奋斗的精神和意志，催生奋斗的责任和使命。理想追求的不同，决定了奋斗的意义与价值、生命的境界与风貌；用勤学、力行奠定基础，孕育奋斗的精神状态。智育包括获得知识和形成科学世界观，发展认识能力与创造能力；在体育活动中强健体魄，锤炼奋斗的坚强意志。健康的体魄、健全的人格、坚定的意志是奋斗者最基本的身心素质要求。身体作为精神和知识的载体，是人的全面发展的前提性条件；通过美育提高审美素养，陶冶奋斗的高尚情操。蔡元培曾把"美育"比作人的神经系统，具有传导的功能。审美教育的"传导功能"表现为情感的感染力、思想的渗透性与精神的辐射力。审美教育通过一定的教育手段和教育活动，培养大学生对艺术美、自然美、精神美、智慧美、运动美、劳动美等的审美认知力与创造力，提升审美理想与审美素养，塑造精神美、行为美、语言美与体态美，涵养高尚情操，陶冶奋斗精神；通过劳动教育强化劳动能力，提升奋斗的身心素质。劳动作为最基本的社会实践活动，具有审美价值、正向能量和综合性育人功能，通过劳动教育端正劳动态度，强化劳动能力，提高奋斗的身心素质。通过劳动教育，奠定崇尚劳动、尊重劳动的态度，确立辛勤劳动、诚实劳动、创造性劳动的理念，形成劳动最光荣、最崇高、最伟大、最美丽的价值取向，磨砺大学生奋斗的意志品格，提高奋斗的身心素质。

用信仰引领方向，用思想凝聚力量。进入新时代的共青团将继续肩负起党赋予的神圣职责使命，更加广泛、更加紧密地团结引领广大青年紧紧跟着党，在实现中华民族伟大复兴中国梦的征途中续写新的光荣！

目　录

目录

第一章　共青团的性质、地位和发展历程

共青团是党领导的先进青年的群团组织。在中国革命、建设、改革波澜壮阔的历史进程中，共青团在党的领导下，团结带领一代又一代有志青年书写了无上光荣，用事实和行动庄严宣示：坚定不移跟党走就是我们的初心，为党和人民不懈奋斗就是我们的使命。初心不改，使命不渝。在这个万象更新、生机勃勃的新时代，我们一定要团结带领广大团员青年听党话、跟党走，奋力谱写无愧于时代的壮丽青春篇章。

第一节　共青团的性质

党章和团章都规定：中国共产主义青年团是中国共产党领导的先进青年的群团组织，是广大青年在实践中学习中国特色社会主义和共产主义的学校，是中国共产党的助手和后备军。这就明确了团的性质。

一、中国共产党领导的先进青年的群团组织

团章开宗明义地规定：中国共产主义青年团是中国共产党领导的先进青年的群团组织。它规定了团的性质的核心内容。这一规定包括两方面的意思：一方面阐明了中国共产党是中国共青团的领导者，共青团是党领导的革命、建设和改革力量的一部分；另一方面，明确了共青团是由青年中的先进分子组成，是先进性和群众性的有机统一体，不同于党本身，也不

同于一般的群团组织。

中国共产党是中国工人阶级的先锋队，同时也是中国人民和中华民族的先锋队，是中国特色社会主义事业的领导核心，代表中国先进生产力的发展要求，代表中国先进文化的前进方向，代表中国最广大人民的根本利益。中国共青团是中国共产党建立的先进青年的群团组织，是党联系青年群众的桥梁和纽带，起着"传动装置"和"杠杆"作用，担负着团结教育青年，带领青年为党的事业奋斗，培养社会主义事业接班人的历史重任。

二、广大青年在实践中学习中国特色社会主义和共产主义的学校

无产阶级政党创立团组织的重要目的之一就是引导、教育青年。引导青年学习共产主义是团组织存在的一个重要依据，也是共青团必须履行的一项重要职能。早在俄国共青团创立初期，列宁就曾经指出，共青团的任务，"可以用一句话来表示：就是要学习""青年和所有想走向共产主义的一般青年都应该学习共产主义"。这说明引导青年学习共产主义是各级团组织的一项基本任务。

中国共青团是中国共产党领导的先进青年的群团组织，是团结教育青年的核心，坚持对青年的教育和引导，是党的事业发展的需要，是党赋予共青团的光荣任务。它符合青年成长规律，有利于促进青年的健康成长，也是共青团义不容辞的责任。中国共青团在长期的实践中，一直把教育和引导青年作为自己的崇高职责，使一代又一代青年在科学理论的指导下，经过革命和建设实践的锻炼，成长和成熟起来。团的组织和团干部应当充分认识在新时代加强青年思想教育的重要意义，正确理解和把握青年学习中国特色社会主义和共产主义的新内涵，坚持"在实践中学习"这一基本途径，全面提高青年的思想、政治和科学文化素质。

三、中国共产党的助手和后备军

团章明确规定，共青团是"中国共产党的助手和后备军"。这既阐明了共青团与党的密切关系，同时也概括地提出了共青团要发挥党的助手和后备军作用这一重要职能。发挥助手作用，就是协助党加强对青年的教育和引导，动员和带领青年努力去完成党在各个时期的任务。发挥后备军作用，就是在革命、建设和改革的实践中不断提升青年的思想觉悟和精神风貌，培养和造就社会主义事业的接班人，为党输送新鲜血液，为国家培养建设人才。

党把共青团作为自己的助手和后备军，体现了党对共青团的充分信任和对青年一代给予的殷切期望。共青团全面理解和把握党的助手和后备军这一重要地位和职能，在革命、建设和改革的各个时期密切配合党的中心开展工作，加强对青年的思想教育和组织培养，充分发挥共青团的积极作用。

第二节　共青团的地位

共青团是中国共产党的助手和后备军，是政府的帮手和国家政权的重要社会支柱，是经济建设和社会发展的生力军、突击队，是全国青年的领导核心。

一、党的助手和后备军

党中央历来高度评价团的助手和后备军作用。1949 年 4 月 11 日至 18 日，中国新民主主义青年团第一次全国代表大会在刚刚解放的北平隆重举行。中共中央十分重视这次会议，会议开幕时特地向大会发出贺电，指出，"过去和现在的经验都证明，青年团是党的有价值的助手和后备军"。1956 年 9 月 15 日，党的八大政治报告中指出，"由于青年团过去几年的有成效的努力，在我国生气勃勃的青年职工、青年农民、青年科学技术人员和其他青年知识分子中，正源源不绝地生长着社会主义事业的突击力量，并且向党输送着大批的新党员。"党的八大《关于修改党的章程的报告》中也指出，"共产主义青年团的整个历史表明，它是党的可靠的后备军和有力的助手"，"青年团的团员已经发展到两千万人，在各个战线上，我们都可以看到他们的积极活动"。1978年5月4日，《中共中央关于召开共青团第十次全国代表大会的通知》指出，"在长期的革命斗争中，共青团团结教育全国各族青年，为党的事业做出了宝贵的贡献，有着光荣的革命传统"，"共青团不愧为党的忠实助手，不愧为我国社会主义革命和社会主义建设的一支英勇突击队"。

党的十一届三中全会以来，共青团充分发挥自身的特点和优势，全面履行各项职能，为推进两个文明建设做了大量工作，发挥了重要作用。

1993年5月3日，党中央在致团十三大的祝词中指出，"党的十一届三中全会以来，在中国共产党的领导下，共青团团结带领亿万青年开拓进取，艰苦奋斗，为改革开放和现代化建设做出了积极的贡献，谱写了历史的新篇章"，"共青团充分发挥自身的特点和优势，全面履行职能作用，为推进两个文明建设做了大量工作，发挥了重要作用"。

1998年6月19日，党中央在致团十四大的祝词中指出，"长期以来，各级团组织为实现党在不同时期的历史任务做出了重要贡献，为促进广大青年的健康成长做了大量工作，发挥了重要作用。"

2003年7月25日，党中央在团十五大祝词中指出，在改革开放波澜壮阔的历程中，"各级团组织坚持党的基本路线不动摇，围绕大局，发挥优势，积极引导广大青年成长成才、建功立业，为改革开放和现代化建设做出了重要贡献"。并强调，实践再次证明："中国共青团是我们党的忠实助手和后备军，是党联系青年群众的牢固桥梁和纽带。"

2008年6月10日，党中央在致团十六大的祝词中也指出，"改革开放的30年，是我国青年运动蓬勃发展、成绩斐然的30年。共青团团结带领广大青年与祖国共奋进、与时代同发展，为深化改革、扩大开放、加快发展、保持稳定做出了重要贡献"，高度评价了共青团在改革开放中的作用。

党的十八大以来，党中央高度评价共青团的作用。2013年6月17日，党中央在致团十七大的祝词中指出："共青团与党同心、与党同行，团结带领广大青年顺应历史潮流，走在时代前列，为实现民族独立、人民解放和国家富强、人民富裕奉献了青春和智慧，镌刻下闪光的足迹。"

时隔五年，2018年6月26日，党中央在致团十八大的祝词中再次指出，在党中央坚强领导下，团十七大以来，共青团提高政治站位、增强"四个意识"，锐意进取、真抓实干，推动各项工作实现新发展。特别是贯彻党中央要求，深入推进共青团改革，狠抓从严治团，团干部团员面貌呈现新气象。并强调，"事实充分证明，我国广大青年是中国特色社会主义事业的强大生力军，共青团是党的忠实助手和忠诚后备军。中国青年和共青团把光荣镌刻在祖国大地上、镌刻在历史进程中，党对我国广大青年和共青团充分信赖、寄予厚望"！

团章规定，团的基层组织要"对团员进行党的基本知识教育，推荐优秀团员作党的发展对象；发现和培养青年中的优秀人才，推荐他们进入更重要的生产和工作岗位"。也就是推荐优秀团员入党，推荐优秀青年人才上岗。中组部和团中央也明确规定了两个一般：28周岁以下青年入党，一般要从团员中发展；团员青年入党，一般要经过团组织推荐。团章还规定，共青团要贯彻党管干部原则，坚持德才兼备、以德为先，坚持五湖四海、任人唯贤，坚持事业为上、公道正派，在"保留骨干、以资熟手"的同时，注重培养选拔优秀年轻干部，努力实现团干部队伍的革命化、年轻化、知识化、专业化，建设符合群团组织特点、充满生机活力的团干部队伍。我们要向全面从严治党对标看齐，以政治上严为统领，抓硬团内"关键少数"，抓硬团员先进性这个基础，抓硬团的纪律。

初心不改，使命不渝；壮志满怀，砥砺前行。在党中央坚强领导下，有着光荣传统的中国共青团，一定会团结带领广大团员青年坚定不移听党话、跟党走，在新征程上贡献力量，为着伟大目标不懈奋斗，奋力谱写新时代共青团事业新篇章！

二、政府的帮手和国家政权的重要社会支柱

共青团是政府的帮手和国家政权的重要社会支柱，这是党的十一届三中全会以来人们对共青团与政府及国家政权关系的概括。中国共产党是执政党，党的政治、思想、组织领导主要通过执政行为来实现。共青团是党的助手和后备军，协助党工作，必然要协助政府工作。同时，共青团所联系的广大青年群众是政权根基的重要组成部分，各级团组织承担着不断巩固和扩大党的青年群众基础的重大任务。所以，共青团作为党的助手，必然要成为政府的帮手和国家政权的重要支柱。

共青团的"帮手"和"支柱"功能主要是通过突击队和桥梁纽带作用实现的。新中国成立以来的70多年间，各级团组织团结带领广大青年积极参加社会主义经济建设，努力工作，勇挑重担，甘于奉献，有力地促进了国家经济的稳步发展；各级团组织认真地贯彻执行了政府的政策法规，并进行了大量的宣传解释工作，促进了国家意志的贯彻落实；各级团组织及时把政府对青年的要求传达给青年，同时积极地向政府反映青年的愿望和要求，沟通了政府与青年之间的联系渠道，促进了社会的稳定；各级团组织团结和动员广大青年参与国家管理和民主建设，积极承担政府委托的有关青年方面的事务，直接帮助政府开展工作；各级团组织通过大量深入细致的思想政治工作，提高了广大青年的认识水平和思想觉悟，促进了社会的和谐稳定。

当前，各级团组织正团结带领全国青年，为把我国建设成为富强民主文明和谐美丽的社会主义现代化强国而勤奋学习、扎实工作。总之，随着中国特色社会主义进入新时代，共青团发挥作用的领域越来越宽广，各级团组织的"帮手"和"支柱"作用也越来越大。

三、经济建设和社会发展的生力军、突击队

共青团组织是革命事业的生力军、突击队。共青团的生力军、突击队

作用主要体现在共青团在整个革命事业中所占据的重要地位和发挥的巨大作用，即在党的领导下，始终站在革命和建设事业的前头，诚实劳动、勇于创新，为发展社会生产力，增强综合国力，提高人民生活水平，实现我国经济发展的战略目标建功立业。

2019年4月，中共中央政治局在第十四次集体学习时强调，要加强对五四运动以来中国青年运动的研究，深刻把握当代中国青年运动的发展规律。要阐明中国共产党和中国青年运动的关系，加强对广大青年的政治引领，引导广大青年自觉坚持党的领导，听党话、跟党走。要回答好为什么当代中国青年运动的主题是为实现中华民族伟大复兴的中国梦而奋斗，为什么当代青年必须把个人理想融入民族复兴伟大理想和中国特色社会主义思想，找准当代中国青年运动在党和国家工作大局中的着力点，激励广大青年在各行各业发挥生力军和突击队作用。要深入研究当代青年成长成才的特点和规律，了解青年优势和弱点，引导广大青年把树立远大理想和脚踏实地统一起来，引导社会各方面关心青年、服务青年，积极做好青年工作，为广大青年成长成才、创新创业营造良好环境。

四、全国青年的领导核心

密切联系群众是我们党的最大政治优势，脱离群众是党执政后的最大危险。共青团作为党领导的先进青年的群众组织，必须高度警惕脱离青年的倾向，始终坚持青年主体地位，充分发挥党联系青年的桥梁和纽带作用，把广大青年紧密团结在党的周围。共青团必须牢固树立"做青年友、不做青年官"的意识，转变机关工作方式和运行机制，健全团干部联系青年的长效机制，落实好常态化下沉基层、直接联系青年、向基层服务对象报到等制度，畅通密切联系青年的渠道，促进团组织和青年紧密融合，让深入青年、凝聚青年的新工作机制内化为团干部的思维方式和工作自觉。把牢密切联系青年的核心任务，把思想政治引领贯穿团的工作和活动全过程，通过报告宣讲、分享交流、社会实践等途径，培养广大青年对党的深厚感情，做共产主义远大理想和中国特色社会主义共同理想的坚定信仰者、忠实践行者。增强各级团组织的广泛性和代表性，大幅提高来自基层一线的团干部和团员的比例，更广泛地听取和吸收各领域团员青年的意见，更好反映青年合理利益诉求。尊重青年的主体地位，让青年当主角，充分发挥青年的积极性、主动性、创造性，以青年喜闻乐见、便于参与的形式方法设计和开展团的工作，把党的决策部署转化为青年的自觉行动，把青年的呼声意愿转化为党的关心关切，形成与青年血脉相连的命运共同体，更好地引领青年听党话、跟党走。党中央多次在团的全国代表大会的庄严场合，强调和肯定共青团在我国青年组织中的核心地位和重要作用。党中央在致团十六大的祝词中指出，"要充分发挥共青团在青联中的核心作用，加强对学联的指导和对少先队的领导，引导青年社团健康发展，进一步巩固和完善青年组织体系，进一步做好新形势下党的青年群众工作"。党中央在致团十七大的祝词中指出，"要充分发挥共青团在青联中的核心作用，加强对学联的指导和对少先队的领导，努力做好新形势下的青年群众工作"。党中央在致团十八大的祝词中，在同第十八届团中央领导班子成员集体谈话时强调，"共青团是党联系青年群众的桥梁和纽带，要紧紧围绕这个职责定位来谋划改革，出实招、出真招，不掩饰问题，不讳疾忌医，对症下药，刮骨疗伤，真正从思想上、工作上、制度上把这个问题解决好"。

第三节　共青团组织的发展历程

共青团是在党的领导和关怀下发展起来的。1921 年 7 月，中国共产党成立。1922 年 5 月，在党的直接领导下，中国社会主义青年团在广州召开第一次全国代表大会，成立了全国统一的组织。

一、新民主主义革命时期的团组织

在新民主主义革命时期，共青团组织跟随共产党在革命斗争中形成了光荣的革命传统，为中国革命和建设做出了贡献。

（一）大革命时期

青年团成立时，中国工人运动已形成高潮。不同于无序混乱的早期青年团组织，在团中央的指导下，各地团组织加强团的自身建设，指导学生运动，积极投身工人运动，以自己的实际行动参加、支援罢工斗争。这一时期，不仅团员数量不断增长，团的组织纪律性也得到了加强，全国团组织之间的联系也更加紧密。

1923 年 8 月 20 日至 25 日，中国社会主义青年团第二次全国代表大会在南京召开。会议讨论了党团关系、组织纪律、学生运动、教育出版等问题，大会宣布，青年团坚决拥护中共三大所确定的与国民党建立统一战线的方针，努力协助中国共产党"促进国民革命的实际行动"。中国共产党对中国社会主义青年团的绝对领导关系，在此次大会予以明确，"社会主义青年团与共产党之关系，同青年国际与第三国际之关系一样，在政治方面，社会主义青年团必须完全服从共产党之主张，在其它一切为青年利益而奋斗的方面，社会主义青年团应是一个独立的团体，有完全自主权"。团的二大后，青年团中央根据革命斗争的需要，创办了《中国青年》周刊，围绕青年关心的问题展开讨论，旨在在政治上指导青年，培养青年的革命人生观，成为了最受青年欢迎的刊物，为推动青年运动的发展贡献了卓越的力量。

1923 年 1 月 26 日至 30 日，为贯彻中共四大精神，动员全团青年迎接新的革命高潮，中国社会主义青年团第三次代表大会在上海召开，大会根据中国革命的形势和任务要求，讨论通过了宣传、教育训练、组织和经济斗争等决议案，通过了《告世界青年无产阶级及各被压迫民族青年书》，修改了团的章程，并把中国社会主义青年团改名为中国共产主义青年团。

1927 年 5 月 10 日至 16 日，共青团在武汉召开第四次全国代表大会。

大会总结了大革命高潮中的斗争经验，将"在共产党的指导下，吸引广大的劳动青年群众，参加革命的斗争，同时在这些斗争中去养成他们的共产主义者的精神"作为今后的方针和任务。这是共青团组织在特殊历史条件下为党的革命事业所做出的特殊贡献，共青团因此在中共六大上受到表扬。

（二）土地革命时期

1927年8月1日，南昌起义打响了武装反抗国民党反动派的第一枪，8月7日，共青团中央的代表出席了中共中央在汉口举行的紧急会议，确定参加党领导的土地革命和武装斗争。同时各地团组织也积极投入到农村革命根据地的创建工作中。

1928年6月，中共六大在莫斯科召开，7月，共青团也在莫斯科召开第五次全国代表大会。会议总结了大革命失败后的共青团工作，并制定了团的工作方针和任务：争取团结更广大的劳动青年在中共周围，为进一步发动青年参加工农革命斗争、帮助中共准备群众武装起义、推翻国民党政府、建立工农民主政权而斗争。会后，随着土地革命的深入发展和根据地的不断扩大，各根据地的共青团组织也不断壮大起来。

1931年1月，共青团苏区中央局正式建立，而在国民党统治区，以学生运动为先导，青年运动日趋活跃，共青团组织也很快得到恢复和发展。

1931年9月18日，日本帝国主义发动九一八事变，民族危亡之际，国民政府残酷镇压中国共产党，疯狂"围剿"革命根据地。在革命根据地前四次反"围剿"斗争中，共青团积极组织青年参军、参战，发挥了先锋作用。第五次反"围剿"失败，中国工农红军开启漫漫长征路，共青团员不畏艰难，挺身而出，胜利地完成了伟大的战略转移。到达陕北不久，在党的关怀下，共青团工作恢复。

（三）抗日战争时期

1935年7月，共产国际做出建立世界反法西斯统一战线的决策，青年共产国际遵照这一精神决定改造各国共青团组织。国内共青团组织也面临着团结爱国青年、组建青年抗日民族统一战线的历史重任。1936年11月，中共中央发出《关于青年工作的决定》，提出将共青团改造成为广泛的群众性青年抗日救国组织，吸收广大青年参加抗日救国的民族统一战线。决定发布后，共青团立即在西北根据地开展了自上而下的改造工作。1937年4月12日，西北青年第一次救国代表大会在延安举行，会议决定建立"西北青年救国联合会"。这次会议的召开，标志着共青团改造工作的基本完成和青年救国会组织的正式诞生。1938年10月10日，西北青年救国会第二次代表大会召开，全国抗日青年在延安胜利会师，推动了全国各地青年运动的开展。

1938年6月，晋察冀抗日根据地正式成立青救会组织。至1941年春，组织人数达100万之多，广纳陕甘宁、晋西北、晋东南等地青年，成为抗战的重要力量之一。青救会成员以"为中华民族的团结统一而奋斗"为目标，积极参与反帝反封建爱国运动。与此同时，青年抗日先锋队、解放区青年联合会、民主青年同盟、新民主主义青年社等青年组织也得到了蓬勃发展，在抗日战争中发挥着至关重要的作用。

共青团在抗日救亡运动背景下实现了成功转型，基本职能从单一的"团的工作"扩大到了外延更加广阔的"青年工作"，团结了更加广泛的青年统一战线，奠定了共青团在全国青年中的地位和影响力。

（四）人民解放战争时期

1945年，抗日战争结束，青救会完成了历史任务，重新建立共青团成为了亟待解决的问题。1946年6月，中央青委起草了《关于成立新民主主义青年团的建议草案》，1946年11月，根据中国革命形势发展的需要，党中央发布了《关于建立民主青年团的提议》。经过两年的努力，试建青年团工作遍及各解放区，青年团在参军支前、土改、建立民主政权的斗争中发挥了积极作用，为中共中央决定正式建团奠定了基础。为培养青年干部，中央团校于1948年9月正式开学，进一步提高了共青团干部和青年干部的政策理论水平，为正式建团提供了理论基础和干部基础。同年，《中国青年》复刊，毛泽东题词："军队向前进，生产长一寸。加强纪律性，革命无不胜。"

1949 年元旦，中共中央成立了以党中央书记任弼时同志为首的全国青年团筹备委员会，公布了《关于建立中国新民主主义青年团的决议》，《决议》明确规定了中国新民主主义青年团的性质、任务、建团方针和步骤。

1949 年 4 月 11 日至 18 日，在北京召开了中国新民主主义青年团第一次全国代表大会，340 名青年代表 19 万团员参加了大会。大会通过了团的工作纲领、《中国新民主主义青年团团章》《团的任务与工作》以及大会结论等决议。中国新民主主义青年团第一次全国代表大会的召开是共青团历史上的又一重要里程碑，标志着中国青年运动又有了自己的领导核心，有了新的工作纲领："在中国共产党领导下，坚决地为民主主义彻底地实现而斗争的先进青年的群众组织"，从此，中国青年运动进入了新的历史时期。

新中国成立前夕，在周恩来的倡议下，中华全国青年联合会成立，更广泛地团结、教育全国各族各界青年。全国青联的成立，既是青年运动发展的又一重要里程碑，也是共青团历史上最重大的一次扩展。

二、新中国成立初期的共青团组织

1949 年 10 月 1 日，中华人民共和国宣告成立，作为党的助手，青年团工作也揭开新的篇章。青年团带领广大青年在巩固国家政权、恢复国民经济，坚定不移走社会主义道路上做出贡献。

1950 年 6 月 25 日，朝鲜内战爆发，10 月，中国人民志愿军响应毛主席"抗美援朝，保家卫国"的号召，远赴朝鲜，拉开抗美援朝的序幕。团中央发出《为号召青年团员参加各种军事干部学校告全国青年团员书》，广大青年热烈响应，70 万青年奔赴战场，黄继光等无数青年团员楷模壮烈牺牲。按照"巩固地向前发展"方针，共青团组织飞速发展，1952 年底，团员数达 850 万人，共青团真正成为了青年组织的核心。

1953 年 6 月 23 日至 7 月 2 日，青年团第二次全国代表大会召开，495 名青年团员代表 38 万个基层组织和 900 万团员出席大会。新中国面临从落后的农业国向先进的工业国过渡的历史重任，为动员更多的青年参与到社会主义建设的历史进程中，大会提出《团结全国青年在建设祖国伟大行列中奋勇前进》的报告，这次大会是青年团在祖国开始进入计划经济建设时期的誓师大会。会议确定了新的历史时期青年团的工作方针和任务，毛主席提出的"身体好、学习好、工作好"成为青年团的工作方向。大会通过了新的团章，明确规定了青年团在党的领导下进行全部工作，组成了新的中央委员会，加强了青年团的领导。

社会主义改造时期，青年团广泛组织团员青年投入农业合作化运动，参加手工业合作社，开展以提高劳动生产率、加快建设速度为主要内容的青年突击队活动以及以垦荒、移民、扩大耕地、增加粮食为主要内容的青年志愿垦荒活动，为协助党完成社会主义三大改造做出了重要贡献。

1957年5月15日至25日，青年团第三次全国代表大会召开，1493名正式代表、70名列席代表出席大会。大会通过了《关于将中国新民主主义青年团改名为中国共产主义青年团的决议》，并决定将改名以后团的全国代表大会和过去的中国社会主义青年团历次代表大会衔接，把下一次团的代表大会定名为中国共产主义青年团第九次全国代表大会。大会通过了《中国共产主义青年团章程》，选举产生了由149名中央委员和63名候补委员组成的共青团中央委员会。

1964年6月11日至29日，中国共产主义青年团第九次全国代表大会召开，此次参会人数为历届最多，共3323名代表出席大会。大会明确共青团以马克思列宁主义、毛泽东思想为指导思想，号召全国青年发挥愚公移山的伟大精神，贡献出一切力量，充当社会主义的突击队。大会选举产生178名中央委员、74名候补委员，组成共青团九届中央委员会。这次大会根据当时共青团建设的实际情况，阐述了坚持团的先进性，加强同青年群众密切联系的重要意义。

从1966年5月一直到1978年5月，团中央和地方团组织的系统领导被中断，团的各级组织都停止了工作和活动。

1976 年 10 月，我国人民在党的领导下，共青团组织获得了新生。在党和老一辈无产阶级革命家的关怀下，经过全团上下的努力，1978 年 10 月 16 日至 26 日，中国共产主义青年团第十次全国代表大会在北京召开，2000 名青年代表全国 4800 万团员出席大会。大会通过了《中国共产主义青年团章程》，选举产生中央委员 201 名、候补中央委员 99 名，组成共青团第十届中央委员会。共青团十大标志着被迫中断了 12 年的共青团领导系统得到了重新恢复和健全，也为共青团工作的进一步发展创造了条件。

1978 年 12 月，中共十一届三中全会在北京召开，这是新中国成立以来党的历史上具有深远意义的伟大转折。十一届三中全会以后，共青团带领全国青年在改革开放中建功立业，共青团的自身建设不断加强，团的工作得到了蓬勃发展。

1982 年 12 月 20 日至 30 日，中国共产主义青年团第十一次全国代表大会召开。大会提出将"为'四化'建设而英勇劳动、依据'四化'需要而勤奋学习、适应'四化'要求而开创新风"作为主要任务。共青团的十一大以后，广大团员青年辛苦劳动，刻苦学习，投身到经济建设和改革开放中，开展"小发明、小创造、小革新、小设计、小建议"竞赛、"争当新长征突击手"竞赛、为"七五"建功立业、做"四有新人"等工作，共青团以改革创新和开拓前进的精神，为全面完成"七五"计划的各项任务发挥了积极作用。

1988 年 5 月 4 日至 8 日，中国共产主义青年团第十二次全国代表大会召开。大会通过了《中国共产主义青年团第十二次全国代表大会关于第十一届中央委员会工作报告的决议》《关于实行团员证制度的决议》《关于确定代团歌的决议》《关于〈中国共产主义青年团章程部分条文修正案〉的决议》，审议了《关于共青团体制改革的基本设想》。大会选举产生了团十二届中央委员会。这是一次改革、民主、团结、高效的大会。团十二大闭幕后，团中央进一步加强和改善共青团工作，明确共青团的任务和职能，为推进共青团工作的改革与发展创造了良好的外部工作环境。

1993 年 5 月 3 日至 10 日，中国共产主义青年团第十三次全国代表大会召开。会议通过《中国共产主义青年团章程》，选举产生新一届中央委员会。团十三大后，团中央根据新形势下青年工作发展要求，有步骤有重点地启动和推进了跨世纪青年文明工程和跨世纪青年人才工程。

1998 年 6 月 19 日至 25 日，中国共产主义青年团第十四次全国代表大会召开。大会审议通过《中国共产主义青年团章程（修正案）》，号召各级团组织和广大团员青年在建设有中国特色社会主义伟大事业中充分发挥生力军作用，为实现党的十五大确定的跨世纪宏伟目标和中华民族的伟大复兴贡献青春、智慧和力量。团十四大以来，共青团紧紧围绕全党工作大局，以开发青年人力资源为着力点，服务青年成长成才，团的组织建设和各项事业取得全面发展。

2003 年 7 月 22 日至 26 日，中国共产主义青年团第十五次全国代表大会召开。大会确定深入学习贯彻党的十六大精神，抓住机遇，继往开来，与时俱进，艰苦创业，奋发进取。团十五大以来，共青团组织带领全国青年积极投身物质文明、政治文明和精神文明建设，参与经济结构战略性调整。在广大青年中弘扬和培育民族精神，推进青少年思想道德建设和青年文化建设。

2008 年 6 月 10 日至 13 日，中国共产主义青年团第十六次全国代表大会召开。会议选举产生新一届中央委员会。团十六大后，共青团组织坚持党建带团建，把握现实突出问题，切实加强和改进团的建设。大力推动团的基层组织建设。通过深入贯彻落实科学发展观，带领全国青年积极参与全面建设小康社会的新征程。

2013 年 6 月 17 日至 20 日，中国共产主义青年团第十七次全国代表大会召开。会议审议通过《中国共产主义青年团章程（修正案）》，选举产生共青团十七届中央委员会。在中央新一届领导班子成员集体谈话时强调共青团要紧跟党走在时代前列、走在青年前列，紧紧围绕党和国家工作大局找准工作切入点、结合点、着力点，充分发挥广大青年生力军作用，团结带领广大青年在实现中华民族伟大复兴的征途中续写新的光荣。

2018 年 6 月 26 日至 29 日，中国共产主义青年团第十八次全国代表大会召开。大会通过了关于《中国共产主义青年团章程（修正案）》的决议，大会号召，全团要更加紧密地团结在党中央周围，团结带领广大团员青年在决胜全面建成小康社会、全面建设社会主义现代化国家进程中，奋力谱写壮丽的青春篇章！

至此，共青团经历了九十七年的发展历程，召开了十八次全国代表大会。回顾过去，中国共青团在中华民族前进的道路上留下了英勇奋斗的足迹，做出了无愧于历史的贡献。

附：中国共青团历届全国代表大会情况

简称	会议名称	会议召开时间
团的一大	中国社会主义青年团 第一次全国代表大会	1922 年 5 月 5 日至 10 日
团的二大	中国社会主义青年团 第二次全国代表大会	1923 年 8 月 20 日至 25 日
团的三大	中国社会主义青年团 第三次全国代表大会	1925 年 1 月 26 日至 30 日
团的四大	中国共产主义青年团 第四次全国代表大会	1927 年 5 月 10 日至 16 日
团的五大	中国共产主义青年团 第五次全国代表大会	1928 年 7 月 12 日至 16 日
团的六大	中国新民主主义青年团 第一次全国代表大会	1949 年 4 月 11 日至 18 日
团的七大	中国新民主主义青年团 第二次全国代表大会	1953 年 6 月 23 日至 7 月 2 日
团的八大	中国新民主主义青年团 第三次全国代表大会	1957 年 5 月 15 日至 25 日
团的九大	中国共产主义青年团 第九次全国代表大会	1964 年 6 月 11 日至 29 日
团的十大	中国共产主义青年团 第十次全国代表大会	1975 年 2 月 26 日至 3 月 20 日

简称	会议名称	会议召开时间
团的十一大	中国共产主义青年团 第十一次全国代表大会	1982 年 12 月 20 日至 30 日
团的十二大	中国共产主义青年团 第十二次全国代表大会	1988 年 5 月 4 日至 8 日
团的十三大	中国共产主义青年团 第十三次全国代表大会	1993 年 5 月 3 日至 10 日
团的十四大	中国共产主义青年团 第十四次全国代表大会	1998 年 6 月 19 日至 25 日
团的十五大	中国共产主义青年团 第十五次全国代表大会	2003 年 7 月 22 日至 26 日
团的十六大	中国共产主义青年团 第十六次全国代表大会	2008 年 6 月 10 日至 13 日
团的十七大	中国共产主义青年团 第十七次全国代表大会	2013 年 6 月 17 日至 20 日
团的十八大	中国共产主义青年团 第十八次全国代表大会	2018 年 6 月 26 日至 29 日

第一章 共青团的性质、地位和发展历程

第二章 共青团的工作内容、
社会功能和历史使命

共青团事业是党的事业的重要组成部分，事关党执政的青年群众基础，事关党和国家的未来。党的十八大以来，党中央高度重视共青团工作，召开党的历史上第一次中央党的群团工作会议，指导制定新中国历史上第一个青年发展规划，指导审定共青团中央改革方案和中央团校改革方案，关心指导青联、学联、少先队改革，多次参加青少年和共青团的活动，给广大团干部和团员青年以巨大鼓舞。

第一节 共青团的工作内容

共青团工作是党的事业的重要组成部分，青年工作是党的群众工作的重要内容，具有极其重要的地位。

一、团的工作

一是思想政治工作。中国共产主义青年团加强思想政治工作，把思想政治工作贯穿所开展的全部工作。广泛开展党的基本路线教育，爱国主义、集体主义和社会主义思想教育，社会主义核心价值观教育，中华优秀传统文化、革命文化、社会主义先进文化教育，近代史、现代史教育和国情教育，民主和法治教育，增强青年的民族自尊、自信和自强精神，树立正确的理想、信念和世界观、人生观、价值观，进一步增强对中国特色社会主义的道路自信、理论自信、制度自信、文化自信，努力使青年成为担当民族复兴大任的时代新人。对团员必须进行中国特色社会主义共同理想和共产主义远大理想教育。努力帮助青年学习现代科学文化知识，吸收和借鉴人类社会创造的一切文明成果，抵御资本主义和封建主义腐朽思想的侵蚀，不断提高青年的思想道德素质和科学文化素质。

二是经济建设工作。中国共产主义青年团带领青年在经济社会发展中发挥生力军和突击队作用。紧扣我国社会主要矛盾已经转化为人民日益增长的美好生活需要和不平衡不充分的发展之间的矛盾，组织青年参加改革开放和社会主义现代化建设的实践，贯彻创新、协调、绿色、开放、共享的发展理念，促进科教兴国战略、人才强国战略、创新驱动发展战略、乡村振兴战略、区域协调发展战略、可持续发展战略、军民融合发展战略的实施，树立科学技术是第一生产力的观念，树立创新是引领发展第一动力的观念，掌握和运用先进的科学技术，学习和适应现代管理方式，诚实劳动，勇于创新，为发展社会生产力，增强综合国力，提高人民生活水平，实现我国经济社会发展的战略目标建功立业。

三是承担青年事务。中国共产主义青年团贯彻党管青年原则，充分发挥党联系青年的桥梁和纽带作用，为党做好青年群众工作。积极协助党和政府管理青年事务，协调督促青年发展规划落实，主动承担适合承担的公共职能，服务国家治理体系和治理能力现代化。在维护国家和人民利益的同时代表和维护青年的具体利益，围绕党的中心任务，开展适合青年特点的独立活动，关心青年的工作、学习和生活，切实为青年服务，向党和政府反映青年的意见和要求，开展社会监督，同各种危害青少年的现象作斗争，保护和促进青少年的健康成长。

四是青年统战工作。中国共产主义青年团高举爱国主义旗帜，坚决维护和发展全国各族青年之间的平等团结互助和谐，铸牢中华民族共同体意识；加强同香港特别行政区青年同胞、澳门特别行政区青年同胞、台湾青年同胞和海外青年侨胞的团结，按照"一国两制"的方针，共同促进香港、澳门长期繁荣稳定和祖国统一大业的完成。

五是青年国际交往。中国共产主义青年团在维护我国的独立和主权，坚持和平友好、独立自主、相互学习、平等合作、共同发展的基础上，坚持正确义利观，积极发展同世界各国青年组织的交往和友好关系，积极参与推进"一带一路"建设，反对霸权主义和强权政治，维护世界和平，促进人类进步，推动构建人类命运共同体。

二、团的自身建设

中国共产主义青年团要完成新时代的基本任务，必须毫不动摇坚持中国特色社会主义群团发展道路，把握政治性这一灵魂，聚焦先进性这一重要着力点，立足群众性这一根本特点，深化团的改革，全面从严治团，不断提高团的建设科学化水平。要发扬优良传统和作风，生动活泼、富于创造性地开展工作，把共青团建设成为团结教育青年的坚强核心。团的建设必须贯彻以下基本要求：

一是坚持党的领导。全团要坚持党的基本路线不动摇，团的各项工作都必须服从和服务于经济建设这个中心，必须把坚持改革开放和坚持四项基本原则统一起来，使党的基本路线在团的工作中得到全面贯彻。要牢固树立政治意识、大局意识、核心意识、看齐意识，坚决贯彻党的意志和主张，严守政治纪律和政治规矩。要坚持党建带团建，把党的要求贯彻落实到团的建设之中，使团的建设纳入党的建设总体规划，同部署、同检查、同总结。

二是坚持把帮助青年确立正确的理想、坚定的信念作为首要任务。必须站在理想信念这个制高点上，牢牢把握为实现中华民族伟大复兴中国梦而奋斗的时代主题，激发广大青年的历史责任感和奋斗精神，组织动员广大青年走在时代前列。要围绕保持和增强团员先进性这一时代课题，切实增强团员的光荣感，发挥团员的模范作用。

三是坚持服务青年的工作生命线。以青年为中心，从青年需要出发，强化服务意识，提升服务能力，挖掘服务资源，千方百计为青年排忧解难，更多关心帮助困难青少年，维护青少年合法权益，使团组织成为广大青年遇到困难时想得起、找得到、靠得住的力量。

四是坚持民主集中制。民主集中制是共青团根本的组织原则。要充分发扬民主，尊重团员主体地位，切实保障团员的民主权利。要实行正确的集中，加强组织性和纪律性，保证团的决议得到有效的贯彻执行。

五是坚持改革创新。落实党对共青团改革的要求，推进组织和工作创新，不断提高团的吸引力和凝聚力，不断扩大团的工作有效覆盖面。基层组织是团的一切工作的基础。团的领导机关要确立基层第一的观念，发扬务实、求实的作风，深入基层，服务基层，坚持不懈地抓好基层建设，不断增强基层活力。

六是坚持从严治团。要把严的标准、严的措施贯穿于从严治团全过程和各方面。坚持依规治团，建立健全团内规章制度体系。首先从团干部严起，重点加强对团的领导机关和领导干部的管理和监督，坚决反对机关化、行政化、贵族化、娱乐化倾向。按照增强政治性、时代性、原则性、战斗性的要求，加强和规范团内政治生活，发展积极健康的团内政治文化，营造风清气正的良好政治生态。

三、全团带队

中国少年先锋队是中国少年儿童的群团组织，是少年儿童学习中国特色社会主义和共产主义的学校，是建设社会主义和共产主义的预备队。中国共产主义青年团受中国共产党的委托领导中国少年先锋队的工作。

共青团要发扬"全团带队"的传统，健全少先队组织的各级工作机构，加强少先队组织建设，支持少先队创造性地开展组织教育、自主教育、实践活动，保护和关心少年儿童的成长，坚持以社会主义思想和共产主义精神教育少年儿童，引导他们听党的话，好好学习，天天向上，从小学习做人、从小学习立志、从小学习创造，爱祖国，爱人民，爱劳动，爱科学，爱社会主义，锻炼身体，培养能力，学习和实践社会主义核心价值观，努力成长为担当民族复兴大任的时代新人，做共产主义事业的接班人。

中学共青团组织应加强对少先队员入团前的培养教育，少先队组织应积极推荐优秀少先队员作团的发展对象。

团的组织应选派优秀团员或者聘请思想进步、作风正派、知识丰富、热爱少年儿童的教师、先进人物以及其他人员，担任少年先锋队的辅导员，并从思想上、工作上、生活上关心他们，帮助他们不断提高政治和业务水平。对有显著成绩的辅导员和少先队工作者，应当给予表扬和奖励。

第二节　推进共青团工作形成社会功能

新时代为青年施展才华、建功奉献开辟了更加广阔的舞台。全团要紧扣党的十九大战略部署，围绕统筹推进"五位一体"总体布局、协调推进"四个全面"战略布局，聚焦打好"三大攻坚战"，找准服务大局的切入点、结合点、着力点，找准新时代发挥青年生力军和突击队作用的新领域，推进共青团工作形成社会功能，奏响青春建功新时代的最强音。

围绕打好"三大攻坚战"，组织动员青年奋战在前。要深入推进脱贫攻坚青春建功行动，聚焦学业资助、就业援助、创业扶持，突出深度贫困地区，充分发挥希望工程、西部计划等社会资源动员机制作用，做实东西部团组织结对帮扶，落实定点帮扶任务，力争到 2020 年，在建档立卡的贫困人口中资助 10 万名学生完成学业、帮助 10 万名大中专毕业生找工作，同时扶持 10 万名有志青年扎根农村创业。要动员青年积极投身污染防治攻坚战，为有关企业青年员工转岗就业提供技能培训、岗位推介、创业扶持等援助；正确引导舆论，凝聚社会共识；组织青年环保志愿者参与环境监督和生态保护。要加强青年信用体系建设，普及金融安全知识，提高风险防范意识。

围绕促进经济高质量发展，组织青年创新创业创优。要激励青年创新创造，支持鼓励青年踊跃参与国家重点工程建设、重大科技专项及示范项目，深入开展"挑战杯""五小"竞赛等群众性创新活动，发挥中国青少年科技创新奖评选的引领作用，培养青少年的创新意识和能力。要激励青年奋发创业，深入开展中国青年创业行动，通过打造青创赛、青创板、青创园等工作体系，努力帮助青年创成业。要激励青年争先创优，深入开展"振兴杯"技能竞赛和各类岗位创优活动，弘扬职业文明、培养工匠精神。要踊跃投身乡村振兴战略实施，大力培养农村青年致富带头人，积极支持产业资源流向农业农村；引导青年带头抵制大操大办、厚葬薄养、高价彩礼等陈规陋习，倡导健康文明的生活方式；努力培养青年乡村治理人才。

围绕促进社会主义民主政治建设，引导青年有序政治参与。宪法是国家根本法，是治国安邦的总章程。要把学习宣传贯彻宪法作为一项长期任务，教育引导青少年做宪法和法律的尊崇者、捍卫者、践行者。要积极参与社会主义协商民主建设，组织青年有序参与基层民主实践，推动共青团和青联组织中的人大代表、政协委员制度化反映青年普遍性诉求。要坚持把网络舆论引导作为共青团维护意识形态安全的关键抓手，针对网上各类错误言论和现象，敢发声、善斗争，努力发挥维护国家政治安全的积极作用。要着眼画出实现中国梦的最大同心圆，坚持一致性和多样性统一，以巩固中国特色社会主义共同思想基础为根本，深入开展青年社会组织伙伴计划、新兴青年群体筑梦计划等工作，推动各族各界海内外中华青年大团结大联合，不断巩固和发展青年爱国统一战线。

围绕繁荣兴盛社会主义文化，激发青年的文化创造活力。新时代中国特色社会主义的生动实践，为青年文化繁荣发展提供了丰富题材和不竭源泉。要坚持弘扬主旋律、引领新风尚、传播正能量，实施青年文化精品工程。积极搭建产品创作、展示、传播平台，打造全团青微工作室品牌，推出一大批思想性、艺术性、观赏性俱佳的精品。加强青年文化阵地建设，强化青少年教育基地、青少年宫、新媒体中心等功能，推动团属新闻出版和传播平台融媒体发展。积极联系、凝聚、培养青年文化人才，通过成立新文艺青年组织、推介优秀青年文化产品等路径，为兴盛社会主义文化丰富人才储备。在广大青少年中积极宣传冬奥文化。

围绕加强和创新社会治理，带领青年参与共建共治共享。青年是开风气之先的力量。要大力推动青年志愿者工作转型升级，提高组织化、社会化、专业化、机制化工作能力，完善保障激励措施，在社区服务、扶贫济困、大型活动、抢险救灾等重点领域发挥积极作用。加强青少年事务社工队伍建设，提升共青团参与社会治理的专业化水平。实施青年社会组织社区发展计划，面向社区群众特别是青少年开展常态化、针对性强的服务。面向广大青少年加强法治宣传教育，提高守法意识、规则意识，引导青少年自觉抵制宗教极端思想传播，防范吸毒、网络犯罪、校园欺凌等社会问题的侵蚀，协助做好重点青少年群体服务管理工作。

围绕建设美丽中国，组织动员青少年投身生态文明实践。按照国家节水行动、大气污染防治行动、国土绿化行动的要求，拓展保护母亲河行动内涵，支持青少年广泛传播绿色环保理念，倡导绿色生活方式。组织动员青少年继续开展"光盘行动"、植绿护绿、绿色出行、垃圾分类等环保实践。发挥共青团组织的枢纽作用，广泛培育和支持青少年环保类社团。鼓励青年积极投身绿色技术开发。

第三节　新时代青年的历史使命

我们正处在一个伟大的新时代，这是近代以来久经磨难的中华民族实现从站起来、富起来到强起来的伟大时代。党的十九大提出，到 2020 年，我国将全面建成小康社会；到 2035 年，我国将基本实现社会主义现代化；到本世纪中叶，我国将建成富强民主文明和谐美丽的社会主义现代化强国。今天的青年一代，到 2020 年风华正茂，到 2035 年正值壮年，到本世纪中叶仍年富力强，将与这一伟大的历史进程同生共长、命脉相连。

当代青年生逢强国时代，肩负强国使命，要在党的领导下，坚定传承中国道路、中国精神、中国力量，奋勇投身党的十九大绘就的宏伟蓝图，奋力将建成社会主义现代化强国的目标在自己手中变成现实。这是当代青年千载难逢的历史荣光，更是当代青年责无旁贷的历史使命。

担起强国使命，青年必须有理想，在思想精神上强。经过无数苦难和辉煌、曲折和胜利、付出和收获，党领导人民一步步走到新时代，首先靠的是理想信念坚定。广大青年要从真理之光中受到启迪，听党话、跟党走。要从历史实践中受到启示，充分认识到只有中国共产党领导、只有中国特色社会主义才能发展中国、强大中国，坚定"四个自信"。要从远大目标中受到启发，自觉把个人的前途同国家民族的命运紧紧联系在一起，立鸿鹄志，做奋斗者。

担起强国使命，青年必须有本领，在能力素质上强。时代机遇只会眷顾有准备的人。只有练就过硬本领，才能击水中流，当好新时代弄潮儿。要抓牢学习这个成才之基，适应知识更新加快、科技变革加深的潮流，孜孜以求、终身学习。要抓牢辨析这个成长之要，面对纷繁复杂的社会现象和思潮，把握社会发展的本质和主流，培养历史思维、辩证思维、系统思维、创新思维，明辨是非本末，找准成长方向。要抓牢实践这个成功之本，善读无字之书，苦练有用之功，融入社会生活，接受岗位磨砺，在实践中求真知、长本领、成栋梁。

担起强国使命，青年必须有担当，在干事创业上强。新时代是干出来的。实现强国目标，更要一代接一代苦干实干。要吃得了苦，懂得历经苦难取得的成功才弥足珍贵、辛勤劳动换来的幸福才值得自豪，愿意从最基层最基础的工作做起，不怕到条件艰苦的地方摸爬滚打，甘于到祖国和人民最需要的地方拼搏建功。要经得住挫折，积极面对成长道路上的困难和干事创业中的失败，坚守初衷，愈挫愈勇。要勇于革新，树立科学精神，积极投身改革，努力走在科技攻关、产业升级、业态创新最前列。要甘于奉献，身体力行社会主义核心价值观，积极服务人民、奉献社会、报效祖国。

第三章 新时代共青团建设的内容

党的十八大以来，坚决维护党中央权威和集中统一领导，从而更好地凝聚党和人民的力量，推进中国特色社会主义伟大事业和民族复兴大业早日实现。党中央对当代共青团寄予厚望，认为青年是未来的领导者和建设者，从中华民族永续发展和国家事业传承角度大力肯定青年的生力军作用，认为新时代青年教育的根本目标是培养德智体美劳全面发展的社会主义合格建设者和可靠接班人，培养能担当民族复兴大任的时代新人。

新时代共青团建设重要论述的主要内容和特征可以初步概括为以下三点：第一，新时代共青团建设的基本前提是不断深化共青团的本质属性：政治性、先进性和群众性，就是要坚持团旗看党旗的看齐意识，要牢牢把握团组织的前进方向，要开拓共青团工作的青年基础。第二，新时代共青团建设的职责使命是明晰共青团的工作目标：促改革、育新人和抓规律，就是以主体性为统领全面推进共青团的深化改革，以现代性为根本培育德智体美劳的时代新人，以平衡性为依托践行新青年发展的内在规律。第三，新时代共青团建设的重要路径是创新共青团的工作方法：坚持"以点带面"，加强共青团顶层设计落实试点方案；坚持"主体落实"，挖掘共青团主体特点满足内在需求；坚持"整体推进"，协调共青团内外关系全面推进改革。

第一节　新时代共青团建设的基本前提

　　什么是共青团，是共青团建设的首要命题，《党章》规定："中国共产主义青年团是中国共产党领导的先进青年的群团组织，是广大青年在实践中学习中国特色社会主义和共产主义的学校，是党的助手和后备军。"这鲜明地阐释了共青团的本质属性，首要的是坚持中国共产党的领导，还需在实践的学校中深化中国特色社会主义理论保持先进性，更要体现党的助手和后备军的作用，紧密联系群众，做到全心全意为人民服务。中国特色社会主义进入新时代，共青团建设要继续深化政治性，树立看齐意识；保持先进性，把握前进方向；保持群众性，拓宽青年基础。

一、政治性：坚持团旗看党旗的看齐意识

　　政治属性是政党的本质属性，共青团是党领导下的群团组织，这就决定了共青团的政治属性。马克思恩格斯指出："既然连党的领导也或多或少地落到了这些人（指德国资产者）的手中，那党简直就是受了阉割，而不再有无产阶级的锐气了。"因而无产阶级必须要坚定把握住自己的政治领导权，才能守护住"锐气"，这就是说，无产阶级要坚持党的领导，只有坚持党的领导才能够发挥自身的优势，共青团建设也是如此，"当年党领导人民闹革命、打天下，群团组织不可或缺"。回溯历史，在北伐战争时期，青年团三大宣布将团的名称改为"中国共产主义青年团"，改名后的共青团按照中国共产党的要求，实现团组织无产阶级化。在抗日战争时期，为保家卫国，共青团执行中国共产党的决议将团组织改为抗日青年群众组织。新中国成立后，毛泽东在《关于正确处理人民内部矛盾的问题》中提出"没有正确的政治观点，就等于没有灵魂"，系统阐述了党如何领导团，共青团如何开展工作的问题，进一步强化了党在共青团建设中的领导核心地位。

经历了十年的艰难探索，中国共产党针对当时的国内形势调整恰当的政治路线和方针政策，进入改革开放时期，党中央强调共青团要坚持党的领导，只有在正确的政治领导下，才能更好地加强自身的建设，共青团只有坚决拥护共产党的领导，才能够更好地抓住机遇，服务青年。

党的十八大以来，党中央锐意改革，从作风整顿入手，将党的政治建设摆在显著位置，特别是党的十九大报告将"党的政治建设"确立为"党的根本性建设"，并要求全党同志牢固树立政治意识、大局意识、核心意识和看齐意识。这为共青团的建设提供了政治标准，看齐意识是目前全党着力强化的思想意识，强调向党看齐，向党中央看齐，作为"中国共产党领导的先进青年的群团组织"的共青团更要"始终把自己置于党的领导下，在思想上政治上行动上始终同党中央保持高度一致，自觉维护党中央权威……"坚持团旗看党旗的看齐意识，永葆政治性的首要性。共青团是党的伟大事业的重要组成部分，共青团必须牢固政治性的第一属性，为培养新时代的新青年而奋斗。

二、先进性：牢牢把握团组织的前进方向

中国共产党是永葆先进性的政党，始终顺应时代进步潮流，坚持先进思想、先进理论的指导，培养一批批先进分子坚守初心，持续奋斗。而共青团是统一于党的领导下的先进青年组织，"必须保持和增强先进性作为重要着力点"，充分发挥共青团组织以及成员们的引领作用，号召青年勇担时代使命，为实现中华民族伟大复兴不懈奋斗。

人的全面发展思想是马克思主义学说对人类社会发展的又一大贡献。马克思恩格斯结合革命现实，发掘了青年作为社会发展进步力量的新特点。马克思在其中学毕业论文中就指出，刚踏上人生旅途的青年，不愿受命运摆布。青年一代是最富有激情的，也是最富有想法的，并且不愿意受拘束，敢作敢为，特别是在当下我国社会主要矛盾发生了变化的时代背景下，青年发展的问题也随之发生变化。最突出的表现就是国际思想文化的

多元化对青年的理想信念产生巨大冲击，出现淡化理想信念、缺失精神信仰、沉溺于虚荣攀比、缺乏务实创新能力等问题严重影响青年的健康成长，给共青团工作开展带来了系列挑战，如何在"拔节孕穗期"解决现存问题并发挥青年的优势传递社会正能量呢？正所谓理想引领方向，信念凝聚力量，这就需要以共青团的先进性引领青年牢固树立坚定的理想信念，补足"精神之钙"。

随着新媒体的全面普及，其运作速度的方便快捷，形式内容的新颖详实聚焦了青年的目光，青年更善于在网络上自由表达自己的想法，从而找到自己的归属组织，特别是西方价值观的渗透也导致心性还没有稳定的青年们无法做出正确的选择，弱化了共青团的组织力量以及思想引领力。共青团组织需要拿出迎难而上的勇气，保持先进性，以培育和践行社会主义核心价值观为契机，凝聚青年们的意志心力。中共十八大报告首次提出"倡导富强民主、文明、和谐，倡导自由、平等、公正、法治，倡导爱国、敬业、诚信、友善，积极培育社会主义核心价值观"，这是根植于中华传统优秀文化的新生文化力量，是推进社会主义现代化建设的精神动力，是共青团发挥群体合力作用的价值源泉。社会主义核心价值观从三个层面概述了要建设什么样的国家，构成什么样的社会，培育什么样的公民。十九大报告为祖国的未来发展擘画了一幅美丽的蓝图，我们要在本世纪中叶建成富强、民主、文明、和谐、美丽的社会主义现代化强国，这正是呼应了社会主义核心价值观国家层面的要求。要构建一个文明社会，需要以自由、平等、公正、法治的价值观为依托，符合社会主义的正当性所在，为培育新时代文明公民提供保障，而公民则应遵循"修身齐家治国平天下"的原则，提高自身文化修养，树立"爱国、敬业、诚信、友善"的价值观，为实现伟大复兴的中国梦贡献自己的一份力量。培育和践行社会主义核心价值观，是凝魂聚气、强基固本的基础工程，共青团是与青年紧密相连的组织，要牢牢把握团组织的前进方向，凝聚青年们对社会主义核心价值观的认同感，有效引领整合纷繁复杂的社会思潮，调整多元化冲击可能带来的思想混乱，发挥共青团员们的先进性，形成强大的向心力和凝聚力，以"青年兴则国家兴，青年强则国家强"的信念永葆团组织的青春活力！

三、群众性：开拓共青团工作的青年基础

马克思青年时便立下了"为全人类解放而斗争"的伟大志向，在《共产党宣言》中更指出："被剥削被压迫的阶级（无产阶级），如果不同时使整个社会一劳永逸地摆脱一切剥削、压迫以及阶级差别和阶级斗争，就不能使自己从进行剥削和统治的那个阶级（资产阶级）的奴役下解放出来。"这体现了人民性是马克思主义最鲜明的品格，党的十九大报告指出："坚持以人民为中心……把党的群众路线贯彻到治国理政全部活动之中，把人民对美好生活的向往作为奋斗目标，依靠人民创造历史伟业"，共青团作为党工作的一部分更要坚守"以人民为中心"，避免脱离青年群众，保持群众性的根本特征。"保持和增强群团组织的群众性，必须克服重精英轻草根的倾向，更多关注、关心、关爱普通群众"，随着全面深化改革的深入推进，迫切需要共青团自身及时地变革调整，破除"机关化、行政化、贵族化、娱乐化"的现象。共青团紧密结合中国发展大势和青年发展的状况，开启了自上而下的改革，由中央、省、市、县各级共青团组织最终都可以组织化地接触到最基层的团组织和团员青年，基层团组织主要包括学校、企业、机关团组织以及乡镇团委、街道团工委，这些基层组织是能够与青年群众进行直接接触，并能产生最深刻影响的边界端，为了避免共青团组织的脱节，管理陷入碎片化的困境，共青团的改革趋向整体性管理，这也就要求从基层组织的团支部抓起，要紧密联系青年群众，并树立良好形象引领青年勇于在新时代有新作为，由此上升到基层团组织的优化管理，再集中于共青团中央的系统组建，最后由团中央向党中央看齐，使共青团组织实现纵深梯度的有效运行，真正于新时代现代化建设中承担起共青团的伟大使命。

列宁说:"只靠共产党员的双手来建立共产主义社会,这是幼稚的、十分幼稚的想法。共产党员不过是沧海一粟,不过是人民大海中的一粟而已。"工会、妇联等与共青团同属于群团组织,共青团不仅要密切联系青年群众,更要紧密团结群团组织,"要探索以多种方式构建纵横交织的网络化组织体系,做到哪里有群众,哪里就要有自己的组织,怎么有利于做好工作、就怎么建组织"。纵观中国的国家治理和社会演化,我们不难发现最突出的一个发展模式就是"超大规模",而"超大规模"最重要的一点在于中国人能集中力量办大事,这对于共青团的发展以及群团组织的相互联合都是具有启发性的,如何开拓共青团工作的青年基础,需要以青年为中心,坚守服务青年的初心,依靠基层组织发展壮大后备力量,充实党的助手和后备军,与群团组织相互协作,坚决落实群众路线,明晰党和青年群众之间的桥梁和纽带的定位,推动共青团组织的可持续发展。

第二节　新时代共青团建设的职责使命

"使命呼唤担当,使命引领未来",新时代共青团建设的职责使命赋予了共青团工作目标,共青团的工作目标解决了建设共青团由谁作为主要力量去做,共青团如何培养人以及怎样培养人的问题,从理论上回答了新时代建设什么样的共青团的时代主题。

一、促改革:以主体性为统领全面推进共青团的深化改革

中国特色社会主义进入新时代,共青团的发展既取得了突出的成就,亦存在着诸多短板,那么如何做好共青团的工作,适应青年群体时代发展的趋势?那就必然要对共青团进行改革。马克思曾说:"社会的物质生产力发展到一定阶段,便同他们一直在其中运动的现存生产关系或财产关系发生矛盾。于是,这些关系便由生产力的发展形式变成生产力的桎梏。那时,社会变革的时代就到来了。"当前随着中国社会的转型,特别是经济

结构的变化带来的上层建筑嬗变，使青年群体面临着不同的时代际遇，青年群体面临的文化日益多样化，利益需求逐步多元化，这种"强刺激"迫切需要共青团做出有力的回应，以主体性为统领全面推进共青团的深化改革。所谓共青团的主体性，并不仅仅是一个单一的个体，马克思认为，主体性不仅表现在"他们对自然界的一定关系"中，而且表现在"劳动主体相互间的一定关系"中，也就是说，共青团的主体性还包括不同的主体在一定的社会历史条件下为变革共青团这一客体而进行的相互交往的特性。因此，对于共青团的改革不仅仅涉及共青团的自身的变革，更涉及党的领导、群团组织等为深化共青团改革的各个主体。

一方面，以主体性为统领全面推进共青团的改革要将其纳入全面从严治党的国家战略中，将其作为推进国家治理体系和治理能力现代化的关键抓手。因此共青团必须坚持党管青年的原则，把党的领导贯穿于共青团改革的各个环节，全面从严治团，在共青团的建设中凸显党的主体地位，但这并不排斥共青团主体自身发挥自主性，不同区域的共青团应结合自身发展的特点，将党的领导作为共青团建设的"基因"和"密码"，展现自身的独特品格。比如，最近高校兴起的"青年大学习"，这种团建并不仅仅限于网络上，可以将"青年大学习"与"创青春""青年创新大赛"等活动相结合，推陈出新，让青年在活动中展现"青年大学习"的多样化的学习形式，这不失为开拓团建视野，提升团建兴趣的一种有效方式。

不仅如此，以主体性为统领全面推进共青团的改革要将其纳入网络意识形态安全的视野中，将其作为坚定马克思主义主流意识形态的重要支撑。当前，随着网络信息技术的发展，网络逐渐成为青年的生活方式，推进共青团改革，必须将共青团作为传播党的政策主张的先进组织，必须将党的声音积极传播到共青团建设的各项工作之中，把握青年思想引领的红线，以马克思主义主流意识形态为主体，打击各种思潮，调和各种形形色色的青年文化，使两者之间保持适度张力，通过建设"青年之声"，塑造互联网社区的"红色英雄"，努力构建"互联网"共青团工作格局。

二、育新人：以现代性为根本培育德智体美劳的时代新人

"培养什么人"是共青团建设的根本问题，因此共青团作为青年的大学校，必须牢牢把握这一根本性问题，把为党和人民培养人的工作贯穿于共青团建设发展的始终，培育德智体美劳全面发展的人。所谓全面发展的人就是人的根本的东西的发展，马克思曾说，"人以一种全面的方式，也就是说，作为一个完整的人，占有自己的全面的本质"，就是说，人的全面发展与人的本质是密切相连的，德智体美劳全面发展的人更深层的表现为人的能力的全面提升，人的社会关系的全面丰富和人的个性的自由发展，这既是党和人民赋予共青团的要求，也是中国特色社会主义现代化事业发展的必然要求。

首先，共青团要培养青年的能力，依靠青年增强共青团组织自身的先进性。共青团建设是以青年为主体的，倘若没有共青团中青年能力的提高，共青团的"集体力"是很难想象的，但这并不是青年个体能力简单的机械的相加，而是共青团的"集体力"作为"无数互相交错的力量……融合为一个总的平均数，一个总的合力"而发挥作用，因此共青团要对照政治标准，严格发展团员，规范团员管理，自觉地引导青年依靠学习提高自身的能力，锤炼自身的品格修养，坚定自身的理想信念，通过团员先锋岗、团员示范岗等形式，充分发挥青年在共青团中的模范作用和共青团对青年的凝聚作用。

不仅如此，共青团要尊重青年的个性，依托青年的个性，增强共青团的凝聚力。列宁曾说："全部历史正是由那些无疑是活动家的个人的行动构成的。"也就是说，时代造就了人的个性，人的个性越鲜明，有个性的活动家也就越来越多。当代青年处于中国社会转型的关键期，"八〇后""九〇后""〇〇后"的个性特点各不相同，面临的时代机遇和挑战亦不同，倘若共青团以单一的标准要求所有青年，那未免会成为荒谬之事。家庭是青年人生的第一个课堂。因此，共青团的建设要深入到青年的家庭

中，了解青年的家庭关系及相应的教育背景，采取相应的措施，发挥青年的长处。学校是青年人生的第二个课堂，学校教育"不仅是提高社会生产的一种方法，而且是造就全面发展的人的唯一方法"。因此，共青团要以高校为抓手，在高校共青团中鼓励青年发挥个人的长处，到基层去，到西部去，到祖国需要的地方去。社会作为锤炼青年的大课堂，是青年实现个人理想的角逐区，共青团要紧密结合妇联、青联等群团组织和社会上各种公益组织，为青年搭建适合自身发展的社会平台。因此，共青团要从不同年代青年所处的社会关系入手，发挥家庭、学校、社会三者的联动作用，发展青年的个性，发挥青年自身的长处，培育德智体美劳全面发展的青年。

三、抓规律：以平衡性为依托践行新青年发展的内在规律

如何培养人是推进共青团建设的重中之重，因此共青团的建设既要遵循青年自身成长的规律，也要遵循思想政治教育规律，在平衡青年的成长与服务中，抓准共青团自身建设的创新。

马克思曾说，"青年无疑是开始走上生活道路而又不愿在最重要的事情上听天由命的"，因此青年发展和成长有着独特的规律。共青团作为党的助手和后备军，实际上是"基于党的组织体系的'嵌入'在进行实际运行的"，共青团中央、省市级共青团，县级共青团下的学校、企业、机关等团组织，各级团组织要协调平衡之间的关系，以用人为本，创造性地结合地方青年群体的需要和特点贯彻共青团中央的路线、政策和相关文件精神，各级共青团的协调配合为广大青年搭建各类培训平台、就业创业平台、人才激励平台，促进青年人才的开发运用，满足青年的发展成长需求。比如最近各级共青团基于微信、微博、抖音等不同的渠道结合本地特色为不同阶层的青年群体提供优质的项目、信息等贴近青年人现实生活的服务，这一方面提升了青年群体对于共青团组织的认同性，另一方面也使共青团组织自身的运作理念、运作方式和运行模式得到充分的彰显。

不仅如此，共青团还应平衡好团支部与各级基层团组织之间的关系，

"如果把共青团比作一座大厦，团中央机构是大厦顶尖部分，地方各级组织是大厦中间部分，团基层组织是大厦底座，团支部则是大厦底座的基石"，团支部诞生于青年之中，与青年有着天然的联系，不仅能够深入洞察青年的兴趣、爱好、特点，而且团干部与青年基本相似，面临着同样的社会需求、社会压力和前途向往。当前，随着全面深化改革的深入推进，社会经济成分、就业方式、利益关系逐渐多样化，青年在不同地区、部门、职业、领域的分布也呈现出新特点，随之而来的是青年价值取向、利益诉求和需求方式的变化，如果团支部仅仅依靠上传下达的方式，作为上级精神的理论方针的"传话筒"，就会带来"听不懂，学不进，甚至排斥的后果"。因此基层团组织应该指导团支部的工作，将定期巡视与不定期巡视相结合，鼓励团支部发挥人的主观能动性，因事而化、因时而进、因势而新，结合地方发展的情况、团支部的发展实际，特别是青年人的实际需求，有理有利有节地展开思想政治教育活动，力争每一项活动、工作都能照顾青年的特点，从而赋予青年一定的权利，让青年成为团支部活动的组织者和领导者，发挥平凡"英雄人物"的榜样示范作用，在共青团建设的动态平衡中深化青年自身成长的规律和思想政治教育规律。

第三节　新时代共青团建设的重要路径

思路决定出路，思维水平决定工作水平，但不论思路还是思维水平最终的落脚点都是在实际工作中的方法，因此共青团的建设要深刻领会辩证唯物主义和历史唯物主义的方法论，坚持"立足现实""主体落实""整体推进"的工作方法，创新共青团自身的建设。

一、坚持"立足现实"，加强共青团顶层设计落实试点方案

立足现实，实事求是一直是我党优良的传统，早在 1952 年毛泽东就曾谈到团中央工作的方法问题，他要求团中央领导既要选择典型基层去总结

经验，又要经常到下级团委去视察，把"蹲点"和"打圈"结合起来。这不仅对共青团的工作具有极强的针对性，又为当下共青团的建设提供了基本遵循。中国特色社会主义进入新时代，青年虽然面临着时代提供的发展机遇，但同时面临着复杂多变的国际环境和艰巨繁重的改革发展任务，共青团作为党的助手和后备军，党中央结合青年发展的实际先后出台了《中长期青年发展规划（2016—2025）》《共青团中央改革方案》，这为共青团的建设和改革提供了基本遵循。

一方面，以共青团领导班子为切入点，以团中央机关干部为依托，以团的工作、活动和基层组织建设为基点，从上到下进行全面改革，大力推进试点，有针对性地解决团的管理模式行政化现象突出和基层团组织基础薄弱的问题。第一，改进团中央领导机构人员构成、机构设置和运行机制，提高团中央领导机构中基层和一线团干部、团员的比例，譬如广东共青团，明确在省、市、县（市、区）共青团代表大会、全委会、常委会中来自基层一线的人员比例分别不低于70%、50%、25%，这不仅能够提高决策的科学性和民主性，更能够提升共青团的服务能力。第二，改革团中央机关干部选拔、使用和管理，通过专职、挂职、兼职干部相结合的干部管理，实现共青团中央实际工作的"减上补下"，譬如上海共青团精简27个行政编制，占机关编制30%，下沉至青年工作任务较重的行业团工委、团工作力量相对薄弱的区县团组织和青年集聚园区，这不仅能够为基层团组织减负，提高基层团组织工作的积极性，更能够充实基层团组织的力量。

另一方面，共青团中央以实际工作和活动为着力点，抓典型，树样板，发挥榜样力量的示范、带动和辐射作用，发挥共青团在促进青年社会融入和社会参与中的主导作用。第一，以共青团中央工作为样板，通过表彰试点，树立典型，比如在共青团深化全国青年创业园区建设工作，共青团中央命名北京青年创业示范园等40家单位为首批"全国青年创业示范园区"，这一称号的命名不仅极大地激发青年以创业带就业的热情，更能够提升青年政治参与的积极性，增强政治认同。第二，以共青团中央活动为契机，抓落实，通过开展争当"中国好网民"、青年大学习、青年讲师团等一系列活动，不仅能够引领青年树立自身的榜样标杆，更能够激发青年的情感共鸣，提升青年对榜样人物的认同。

二、坚持"主体落实"：完善共青团组织管理满足发展需求

抓创新就是抓发展，谋创新就是谋未来，实现共青团自身的创新发展，必须在共青团的建设中以"围绕中心，服务大局"为主线，以共青团自身为主体，以从严治团为依托，统筹推进共青团组织的管理机制，"使团组织成为广大青年遇到困难时想得起、找得到、靠得住的力量"。

首先，坚持问题导向，从严治团。从团干部队伍来看，针对提升团干部整体综合素质和能力的问题，共青团自身必须要严格团干部选配和管理，防止不按标准、不按程序选拔配备干部，同时必须狠抓团干部的作风问题，坚决克服"机关化、行政化、贵族化、娱乐化"。从团员管理来分析，为适应时代发展的需要，针对团员发展程序、发展标准和团员数量、质量提出了一些具体的举措，在发展团员的问题上，"坚持成熟一个发展一个，杜绝全员入团、突击发展、不满13周岁入团的现象"。恩格斯曾指出："如果从观念上来考察，那么一定的意识形式的解体足以使整个时代覆灭。"在当前国内外形势影响下，意识形态领域斗争的复杂性、尖锐性、艰巨性特征越发明显，党的意识形态工作的现实紧迫性和极端重要性凸显。在入团程序的问题上，强化发展团员工作责任追究制，对不坚持标准、不履行程序和培养考察失职、审查把关不严的团组织及其负责人、直接责任人进行批评教育，情节严重的给予纪律处分……总之，针对共青团自身建设现存的问题，结合青年发展的实际，出台了一系列的具体措施，这既能够保持和增强共青团的政治性、先进性、群众性，又能够培养出又红又专的社会主义建设者和接班人。

其次，运用历史思维，吸取共青团建设的经验分析现实问题。共青团

的建设不是一蹴而就的，回溯共青团发展的历史，在社会主义建设时期，毛泽东在1953年6月30日曾发表题为"青年团的工作要照顾青年的特点"的讲话，深刻阐述了党如何领导青年团和青年团如何工作的一些重大原则问题。党的十八大以来，党中央吸取共青团发展的历史经验，从全面深化改革的背景出发，从严治团，细化共青团建设的各项规章政策，开拓共青团建设的新局面。

最后，共青团建设要坚持全面协调，做到两点论和重点论的统一。共青团作为一个有机体，其自身的建设不是一蹴而就的，不仅要协调好党团之间的关系，群团之间的关系，更要关注团支部、团干部、团员之间的关系，只有协调好共青团内部的多重关系，才能够解决好之间的矛盾，为此，以共青团推优入党为重点，通过严格推优入党，协调党团之间的关系，团支部与团员之间的关系，团干部与团支部之间的关系，增强团支部的凝聚力，提升团干部的政治素养，提高团员的积极性，这既是推进共青团自身建设发展的一剂良药，又是党加强对青年思想政治引领，为青年指明发展成才道路的一副良方。

三、坚持"整体推进"：协调共青团内外关系全面深化改革

马克思曾说："当我们通过思维来考察自然界或人类历史或我们自己的精神活动的时候，首先呈现在我们眼前的，是一幅由种种联系和相互作用无穷无尽地交织起来的画面，其中没有任何东西是不动的和不变的，而是一切都在运动、变化、生成和消逝。"这就是说，任何事物都不能孤立存在，都同其他事物处于一定的联系之中，对于共青团自身的建设亦是如此，不仅要将共青团的建设纳入全面深化改革的潮流中，更要体现共青团在全面深化改革中的担当，使青年"在时代大潮中建功立业，成就自己的宝贵人生"。

首先，共青团要投身于脱贫攻坚战的行动中，要鼓励青年到基层去，到西部去，到祖国需要的地方去。一方面对于青年而言，共青团应重点开

展学业就业创业扶贫，通过建立贫困家庭数据库，学生助学金、奖学金等资助项目，为青年完成学业提供"绿色通道"。不仅如此，还应通过与社会组织的有机对接，为青年提供相应的就业创业信息，引导、支持青年返乡下乡创业就业。另一方面，为贯彻乡村振兴战略，共青团要深入开展青年扶贫志愿服务和文化扶贫行动，通过开展"大学生支教""三下乡社会实践""公益性夏令营"等活动，将乡村的扶贫与扶智紧密结合，这不仅能够提升青年精准扶贫精准脱贫的能力，更能够提升青年的获得感和认同感。

其次，共青团要动员青年投身于生态文明建设的实践中。共青团必须引领青年在生态文明建设中贡献属于青年的力量，构建共青团参与生态文明建设的格局，增强共青团服务人民、服务青年的贡献度。一方面共青团要引导青年发扬艰苦奋斗的作风，增强节约意识、环保意识，提倡青年绿色低碳的生活方式，通过线上"光盘打卡""光盘挑战赛"等公益活动与线下"绿色离校""农田—餐桌探访"等线下活动的结合，培育青年的生态环保意识。另一方面，共青团应大力提倡"垃圾分类"，通过开展垃圾分类的志愿活动与主题教育活动相结合，践行青年的生态行为准则。

最后，共青团要投身于网络空间治理的行动中。如何管网治网是关乎国家安全的重大问题。当前随着互联网的发展，网络逐步成为青年的一种生活方式，为此共青团要时刻把青年放在心中最高位置，努力为青年成长发展创造良好的网络环境。一方面通过构建"互联网＋共青团"的工作格局，通过利用抖音、快手等短视频软件，将共青团宣传内容转化为适合网络传播、青年乐于接受的文化产品，在网络空间中体现共青团的力量。另一方面，在网络空间中要坚持党管网络、党媒姓党的政治方向，对于红色地带，共青团要坚持党的政治方向，做到"千磨万击还坚劲，任尔东西南北风"，对于黑色地带和灰色地带，要结合实际，构建网络空间中的"红色青年领袖"，展现"红色青年形象"，妥善运用党性议题坚决打击各种敌对势力制造的舆论和思潮，积极促成灰色地带向红色地带的转化。总之，共青团的建设不是单一的、孤立的，必须以青年为桥梁，将共青团建设纳入到脱贫攻坚、生态文明建设和网络空间治理的国家战略中，让青年贡献出属于自己的力量，实现自身的价值。

第四章　全面推进共青团改革

回顾共青团的光辉历史可以发现，不同时代所蕴含的历史主题都反映在该时期的共青团工作中。在中国社会历史的主题从"革命"走向"建设"，从"政治中心"走向"经济中心"的历史中，共青团工作的性质也在进行着相应的调整。在新的历史时期，共青团工作体现着最坚定的政治性、折射着最鲜明的时代性、凸显着最深刻的实践性、蕴含着最丰富的创新性。

第一节　新时代共青团工作的性质

中国特色社会主义进入新时代，共青团工作必须要有新气象、新作为。做好新时代的共青团工作，必须毫不动摇坚持党的领导，牢牢抓住三个根本性问题，坚定不移深化改革，才能汇聚起实现伟大复兴中国梦的强大青春力量，不辜负党的重托和期望。

一、新时代共青团工作体现着最坚定的政治性

中国共产党是中国工人阶级的先锋队，是中国特色社会主义事业的领导核心。共青团作为党的助手和后备军，既是党建立共青团的目的，也是党赋予共青团的光荣使命。回顾中国共青团发展的历史进程不难发现，各个时期的共青团工作都体现着坚定的政治性。建团以来，共青团始终认真履行着团结教育青年的职责，团结带领青年为实现共产主义的远大目标拼

搏奉献，努力培养和造就一代又一代有理想、有道德、有文化、有纪律的社会主义新人，充分发挥了助手和后备军的作用。

新时期共青团工作体现着最坚定的政治性，这主要表现在：共青团坚决拥护党的纲领，积极宣传和执行党的基本路线和各项方针政策；围绕"一个中心、两个基本点"开展各种适合青年特点的活动，动员和带领广大团员青年在社会主义物质文明、精神文明和政治文明建设中，发挥了先锋模范作用；共青团关心青年的学习、劳动和生活，及时向党组织反映来自青年和其他人民群众中的各种建议和批评，协助党组织改进各方面的工作，密切党和群众的联系；共青团担负起为党员队伍和干部队伍培养输送后备力量的职责，大批优秀团干部、优秀团员在团组织内锻炼成长，成为社会主义现代化建设的合格人才。

二、新时代共青团工作折射着最鲜明的时代性

中国共青团工作折射的时代性具体表现为：视野的全球性、文化的兼容性、信息的开放性、形式的多样性。

一是视野的全球性。与革命战争时期及新中国成立初期的共青团工作立足本土视野不同，新时期的共青团工作是在全球经济一体化的背景下进行的。中国加入WTO，中国的社会主义市场经济运行已经被纳入全球经济运行的轨道上。党在新的历史时期制定的各项路线方针政策都适时地反映着全球化这一历史趋势。因此，共青团工作必须站在全球化的视野中思考工作的方向、工作的内容、工作的方法。

二是文化的兼容性。20世纪90年代以来，改革开放向纵深推进，不仅带来了西方社会的生产方式和管理模式、促进了国家间的频繁交往，也使不同地域的社会文化相互碰撞与交融。如何看待多元文化并存在这一现象，如何在中国传统文化与未来文化中寻求切合时代气息的平衡点，这是新时期的共青团工作者首先要回应的问题，也是新时期共青团工作继续向前推进必须破解的难题。经过多年的实践探索，我国新时期的共青团工作

已经用实际行动回应和解答了这些问题：在立足本土文化传统的基础上，尊重他国的文化传统，并寻求各国文化中所蕴含的共同点，实现文化的兼容并包。这既尊重了各国交往过程中异域文化的差异性，也为全球化趋势下促进各国青年工作提供了共同的平台。

三是信息的开放性。中国社会在席卷全球的信息革命中改变着自身的运行方式，从电子商务到电子政务，从网络论坛到个人微博、微信，以各种形式出现的信息不再被部门机构所垄断，而是以更为开放的形式与公众进行对话。新时期的共青团工作必须适应现代信息社会开放性这一特征，借助现代系统论、信息论、控制论等学科的研究成果提高自身工作效率。

四是形式的多样性。共青团工作内容的多领域决定了其工作形式多样性。改革开放以来，党的路线方针政策都紧紧地围绕着经济建设这一中心任务，其工作内容不仅涉及创造物质文明，而且涉及创造精神文明、政治文明领域。在这一背景下，新时期的共青团工作的形式必然随着内容的丰富而采取更为多样的形式。

三、新时代共青团工作凸显着最深刻的实践性

着眼新时期共青团工作，团的干部做到心中有党、对党忠诚，时刻不忘自己对党应尽的义务和责任，守纪律、讲规矩，党中央提倡的坚决响应，党中央决定的坚决照办，党中央禁止的坚决杜绝；做到心系群众、为民造福，先天下之忧而忧，后天下之乐而乐，着力解决好人民最关心最直接最现实的利益问题，做到"民之所好好之，民之所恶恶之"；做到求真务实、真抓实干，树立正确政绩观，敢于担当，勇于创新，坚持从实际出发谋划事业和工作，对个人的名誉、地位、利益，要想得透、看得淡、放得下，做到在务实中成长、在实干中进步。共青团工作的发展是在实践中不断地探索，逐步发展起来的。反观中国革命与建设的实践，共青团工作必须紧密围绕党在各个历史时期的中心任务，在实践中扎实开展工作，服从和服务于实践的要求，经得起实践的考验，才能够将共青团工作不断推

进。事实充分说明，当年党带领人民闹革命、打天下，群团组织不可或缺；现在，党带领人民搞改革、求发展，群团组织依然不可或缺。新形势下，党的群团工作只能加强、不能削弱，只能改进提高、不能停滞不前。新时期的共青团工作必须紧密围绕实践制定工作方针，扎实立足社会实践开展各项工作。用实践检验各项方针政策的成效，这不仅是新时期共青团工作必须坚持的基本方针，也是推进新时期共青团工作不断向前发展的重要保障。

四、新时代共青团工作蕴含着最丰富的创新性

加强和改进党的群团工作，既要得力，又要得法。在长期实践中，我们党积累了许多很好的经验，要坚持运用、发扬光大。同时，要适应形势发展，改进对群团组织的领导，提高党的群团工作科学化水平。要把握群团组织特点，不能直接用管理党政机关的办法来管理群团组织，要给群团组织留出创造性开展工作的空间。列宁指出，共青团工作要具有批判与创新精神。缺乏创新，共青团工作就没有生命力。中国共产党成立以来的90多年，不断进行实践创新和理论创新。党和国家领导人关于共青团建设的思想理论都具有与时俱进、一脉相承、开拓创新的特征。新时期共青团工作需不断创新，才能开创青年工作新局面。

第二节　新时代共青团工作的职能

进入新世纪以来，共青团工作在遵循团章所规定的总体任务与目标的前提下，结合新的时代主题不断地拓展其职能，在实践中继续探索，在理论上不断提升，界定了新时期共青团工作的基本职能。

一、组织青年

要做好新时期的共青团工作，首先要解决广泛有效地把青年组织动员

起来的问题，只有广泛有效地把青年组织动员起来，才能更好地为党和国家工作大局做贡献。团中央书记处原第一书记陆昊曾指出，要把组织化动员方式与社会化动员方式紧密结合，把加强团的基层组织建设和基层工作作为提高组织化动员能力的突破口，不断提高共青团组织动员青年的能力。作为执政党的青年组织，为党广泛团结凝聚各个领域、社会各类组织中的青年是共青团的重要任务。团组织在坚持组织化动员这一最根本的动员方式，深化和探索进行社会化动员的新方式，更加注重健全共青团的组织网络和体系，这样才能努力使团的基层组织网络覆盖全体青年。

共青团要全力动员全体青年把思想和行动统一到党的十九大提出的奋斗目标上来，把智慧和力量凝聚到实现中华民族伟大复兴中国梦的具体实践中去，让广大青年在为人民不懈奋斗中书写华章。全力组织动员青年成为高质量经济发展新常态下国家建设的生力军。开展青年文明号行动，实现青年文明号信息化、动态化管理，在促进青年文明号集体提升服务水平的同时，优化经济发展的软环境。开展青年岗位能手创建行动，规范青年职业技能大赛竞赛机制，不断拓宽大赛的行业覆盖范围，大力选树各行各业青年岗位能手，激励青年职工展示自我、岗位建功，增强助推经济发展的真本领。开展青年突击队建新功行动，广泛发动各行业青年围绕全市重点工程建设和企业生产经营，面对"急、难、险、重"任务，灵活组建各类青年突击队，引领青年职工勇挑重担、攻坚克难，提高对经济发展的贡献率。全力动员青年成为加速创新驱动的新引擎。

深入贯彻中共中央国务院颁布的《中长期青年发展规划（2016—2025年）》，加强对青年人才发展规律的研究，深入推进青年人才政策和工作体制机制创新。做好青年人才引培用，协助相关部门引进、培育一批适应经济社会发展要求的青年领军人才；造就一批各行业、各领域和各专项技能方面处于领先水平的拔尖型高技能人才；培养一批敢创新、能创业、会创造的优秀青年人才。全力动员青年成为宣传思想文化建设的开拓者。打造"精干活跃、创新出彩、整合多赢、青春奋进、广泛认同"的青年文化体系。

全力动员青年成为社会治理创新的突击队。按照有项目、有队伍、有阵地、有机制的"四有"目标，构建与社会公共服务体系相衔接，服务专业化、组织协同化的青年志愿服务工作体系，开创青年志愿服务格局。深入实施社区志愿服务体制创新，实现社区民生志愿服务"网格化"管理。依托"志愿者之家"凝聚社会志愿服务组织，搭建志愿服务项目供需对接平台，吸引社会群众的广泛参与。积极探索政府购买公益服务项目的途径，采取社会募集、项目合作等方式面向市场培育资源，引进社会资金扶持重点志愿服务组织及项目，打造青年志愿服务品牌工程。同时，以青年职业农民培育为重点，成立农村青年致富带头人协会，在农村推进农民专业合作社青年示范社建设，全力动员青年成为乡村振兴战略的排头兵，帮助困难群众精准脱贫，打赢脱贫攻坚战；要以保护母亲河行动为引领，积极开展青少年生态环保实践，创新实施"美丽中国"创建行动，全力动员青年成为生态现代化建设的护航员。重点强化共青团动员青年的机制，不断增强动员青年的速度、广度和力度，把握大局，不忘初心、牢记使命，最大限度地引导广大青年投身党的"五位一体"总体布局、"四个全面"战略布局建设，形成推进率先全面建设社会主义现代化国家的青春合力。

二、引导青年

引导青年是共青团的根本任务，是引导广大青年树立坚定跟党走中国特色社会主义道路的理想信念。共青团要更好地履行引导青年的职责，需要针对不同领域、不同年龄段青少年思想意识的关键点，进行分析引导。要根据不同年龄段青年的身心发展和成长规律，根据不同领域青年的职业背景和社会阅历采取不同方式进行分类引导。要针对现代传媒对青少年思想的影响日益加深的现实，努力构建影响青年的传媒体系，善于把引导的目标、内容有效传递给青少年。由于团的总体功能在不同层级有不同侧重，基层团组织要特别强调对青年的吸引和凝聚。同时，团组织要加强自身建设，把广大农村、企业、社区、街道的基层组织都健全起来，用社会主义核心价值观引导广大青年，提高青年的思想道德和科学文化素质，把更多的优秀青年吸引到共青团组织中来接受锻炼，使其更好地在经济社会发展中施展才华。

坚持不懈地用社会主义核心价值观教育引导青少年，遵循青少年成长发展规律，发挥共青团自身优势，切实创新教育引导的方式方法，不断增强青少年思想政治教育的针对性、有效性和时代感。坚定正确方向，引导更加具象的主流价值观。以学习贯彻党的十九大精神为主线，在青少年组织中集中开展党的十九大精神宣讲学习会、思辨研讨会、主题团队会等内容丰富、形式多样的活动，引导青少年坚定跟党走中国特色社会主义道路的理想信念。贯彻落实党的宣传思想会议精神，传承优秀中华传统文化，弘扬革命文化、发展社会主义先进文化，培根铸魂，激励青少年坚定以爱国主义为核心的民族精神和以改革创新为核心的时代精神。构建有效路径，传播更广领域的共青团声音。坚持优质内容与时尚形式相统一，持续推进宣传思想产品化战略。以弘扬主旋律、传播正能量为总要求，以贴近青年、引领青年、服务青年为导向，着力提升产品构思创意、制作水平、推广手段。发挥不同层级团组织的优势，推进宣传思想文化工作扁平化、精准化落地建设覆盖广泛、直达基层的传播矩阵，充分激发基层团组织的产品传播功能。

三、服务青年

坚持以青年为本，共青团组织是党和政府联系青年的桥梁和纽带，肩负着代表和维护青年的具体利益、竭诚服务青年的重要使命。新的形势下，共青团越来越意识到，要更好地协助政府管理青年事务，就必须不断发掘和拓展组织的社会服务职能，通过构建有效的政策支持和广泛的社会联系网络来拓展获得社会资源的渠道，不断强化自身服务青年的手段，服务大局、服务社会尤其是服务青年。因此共青团要对自己应负的社会职责进行新拓展、新概括、新提炼，特别是在社会化大生产协作的要求越来越强烈的形势下，共青团必须突破单纯依靠条块力量实现目标的约束，打破封闭，走向开放，不断拓展和履行好社会职能，扩大社会影响力，提高对青年的凝聚力和吸引力，这样才能更好地完成服务青年的使命。

准确把握青年的需求状况，以服务为导向设计和开展团的活动，积极在服务中凝聚青年，引导青年，在管理中体现服务，把服务青年的工作进一步落到实处。重点服务青年的核心需求，按照"凝聚、整合、互动、共赢"的发展思路，加强青年创新创业联盟自身建设，抓住氛围营造、创业扶持、典型宣传三个重点环节，打造良性循环的青年就业创业服务体系，不断扩大联盟影响力，推进联盟作用发挥。

服务青年文化学习需求，加强青年文化产品开发，为青年的实践锻炼和新知识、新技能学习培训搭建平台、提供服务。服务青年婚恋交友需求。服务青年社会交际需求，设计青年易于接受，乐于参与的公益活动，引导青年开展关爱农民工子女志愿服务活动、城市彩绘等时尚新颖的公益活动和服务惠民的公益活动。服务青年表达诉求需求，整合通信行业资源，打造共青团与青年交流的平台，引导青年以正确的方式发表心声，以合理的方式表达诉求。服务青年自我实现需求，联合相关单位，面向青年征选才艺表演类、公益服务类等各种类别的青春达人，搭建青年展示自我的舞台；开展"身边的好青年"评选，加强对优秀青年的宣传，引导青年形成时尚健康的生活方式。努力增强服务青年的能力。借助青少年科研机构和社会研究机构的力量，加强理论研究，广泛开展调研，准确把握青少年的实际需求，明确发展方向，对青少年事业进行科学指导。争取各级党政支持，广泛动员社会资源，积极筹建青年活动中心，进一步加强和完善青少年活动中心和农村（社区）青少年活动场所的建设，适应青少年多样化需求，发挥团属阵地凝聚青年、服务青年的作用。通过社会化运作，优化资源配置，全力打造一批具有影响力、社会认可度较高的共青团品牌活动，为青少年公益事业的发展提供大力支持。

当前共青团工作的主要社会服务职能包括三个方面：一是发挥好党的助手和后备军作用，为党的事业教育、团结和带领好青年。引导青年坚定信念，刻苦学习，奋发成才，使广大青年在全面建成小康社会的伟大实践中锻炼成长为有理想、有道德、有文化、有纪律的一代新人。二是发挥好国家政权的重要社会支柱作用，积极协助政府管理好青年事务。参与社会协商对话、民主管理和民主监督，承担政府委托的相关青年工作事务，指导和帮助青联、学联、少先队等青少年组织开展工作。三是发挥党和政府联系青年群众的桥梁和纽带作用，依法代表和维护青年的具体利益，反映青年的意愿和呼声。在维护全国人民总体利益的前提下，全心全意为青年服务，发挥青年利益的社会代表作用。

四、维护青少年合法权益

共青团作为党领导的先进青年的群众组织，作为党和政府联系青年的桥梁和纽带，必须在维护全国人民总体利益的同时，代表和维护好青少年的具体利益。在社会主义民主法制建设不断推进、青少年权益意识明显增强的形势下，共青团要深入实施青少年维权工程，继续坚持法制化、规范化，才能更好地代表和维护青少年合法权益。

着眼于青少年诉求表达、利益协调、矛盾调处和权益保障，探索建立党政主导、共青团协调、全社会参与、覆盖城乡、面向全体青少年的权益工作格局，更好地代表和维护青少年合法权益。全方位营造青少年权益维护氛围。组建青少年法制宣讲团，深入社区、农村贯彻落实"两法一例"，推动青少年法制宣传教育向常态化、机制化发展，不断增强青少年的自我保护意识。成立青少年权益维护促进会，协调社会各界力量共同关注侵害青少年权益的事件，着力为权益受侵害的青少年提供实际帮助，不断营造全社会共同关注青少年健康成长的良好社会氛围，规范建设青少年权益维护载体。着力强化未保办和预防办综合协调功能，完善成员单位职责分解、项目合作、督察督办制度，推动青少年权益保障工作各司其职、齐抓共管。建好"青少年维权岗"，强化社会监督和绩效考核，争取更多的基层专业力量参与青少年维权工作。持续推进"12355"青少年服务台建设，为切实做好青少年维权工作提供常态、便捷、有效的平台保障。

共青团工作职能的四项要求，不仅是新时期共青团工作职能的基本定位，也为共青团工作职能的发展指明了方向。组织青年作为新时期共青团工作的重要任务，必须紧密围绕党的新的历史时期的工作重心，结合青年的特点，充分发挥共青团的组织与动员能力。引导青年作为新时期共青团工作根本任务，必须充分引导青年坚定中国共产党的领导、坚持社会主义方向，以实际行动体现新时期青年的风采。服务青年作为新时期共青团工作的重要职能之一，必须转变工作思路，深入了解青年的所想、所需，充分认识青年的利益诉求。维护青少年的合法权益，必须注重把维护青少年合法权益与引导青年有序政治参与相结合，把关注个案与关注普遍性的权益问题相结合，真正使共青团成为广大青少年维护自身权益的坚强后盾。新时期共青团只有落实好这四项基本职能，才能使青年坚定地跟党走中国特色社会主义道路。

第三节　新时代共青团工作途径探索

站在新的历史时期，共青团要有效应对各种挑战，不断开创工作新局面，着眼于形势和任务的变化，准确把握社会主义市场经济条件下共青团工作规律，以科学的发展战略指引方向、推动实践；必须充分理解"组织青年、引导青年、服务青年和维护青年合法权益"四项基本职能的科学内涵，肩负起塑造高素质青年的历史责任，全力建设一个有强大凝聚力的共青团组织，才能在实现中华民族伟大复兴的征程中创造无愧于时代和人民的崭新业绩。

一、坚持政治建团

共青团是党的助手和后备军，坚持党的领导是中国特色社会主义群团发展道路，是共青团的政治性之本。要加强对青年的政治引领，党旗所指就是团旗所向。共青团就是在各级党委的领导下，发挥团的四项基本职能，引领好、组织好、服务好广大青年和维护好青年学生的合法权益，围绕党政中心工作、服务发展大局，发挥青年成长发展中的思想动员、组织服务等功能，最广泛地为党的事业团结凝聚青年，为党赢得青年，使广大青年思想上、政治上、行动上与各级党委保持高度一致，坚定跟党走的信念。

二、坚持思想立团

培养造就政治坚定、道德高尚、素质全面、身心健康，堪当时代重任的新一代青年，是新时期共青团组织落实科学发展观、为党做好青年工作的首要职责。共青团组织坚持以社会主义核心价值观为主导，通过"思想立团"战略，引导广大青少年深刻领会高举中国特色社会主义旗帜的重大意义，不断增强社会责任感和历史使命感，夯实团结奋斗的思想道德基础。

新时代希望广大青年树立和践行社会主义核心价值观，爱国、励志、求真、力行，同人民一起奋斗、同人民一起前进、同人民一起梦想，做追梦人、当圆梦人，用一生践行跟党走的理想信念。青年正处于世界观、人生观、价值观的"孕穗拔节"关键时期。必须以党的思想引领为核心，坚持立德树人这一根本任务，引导青年坚定理想信念、练就过硬本领、勇于创新创造、弘扬工匠精神、锤炼高尚品格，用党的科学理论教育青年学生，使青年学生有理想、有本领、有担当、有品德。

共青团组织要运用马克思主义理论引领青年，建立协同理念，共青团要与其他相关职能部门协同育人，坚持不懈开展好青年马克思主义者培养工程，把马克思主义有效融入第一课堂与第二课堂，使思政课程化转变为课程思政化，扎实推进马克思主义入脑、入心、入行。

共青团组织需坚持不懈地用马克思主义中国化最新成果武装青年，帮助和引导广大青年自觉学习、传播、践行党的创新理论，进一步坚定跟党走中国特色社会主义道路的信念。通过探索以青年为本、开放性强、互动性高的思想政治教育模式，促进青年理论学习与社会实践相结合，解决思想问题与解决实际问题相结合。共青团组织中需以青年骨干、团干、青年知识分子等青年群体为重点，通过深入开展中国特色社会主义理论体系和十九届五中全会学习活动，不断提高各类优秀青年的思想政治素质、政策理论水平和创新实践能力，才能更好地培养出一大批真学、真懂、真用马克思主义的优秀青年。

三、坚持固本兴团

当代青年成长发展的环境发生了深刻变化，青年的需求更加广泛、具体。共青团组织需全面把握青年身心健康、个人成长、事业发展、社会参与和权利表达的不同需求，深入研究政府、市场和社会组织服务青年的总体供给机制，找准共青团的工作切入点，实施工作项目，把服务青年的工作进一步做深做实。团组织要强化服务意识，提升服务能力，千方百计为青年排忧解难，做广大青年信得过、靠得住、离不开的贴心人。各级党委（组）支持共青团精准对接困难青年，为在生活、健康、学业、就业、创业、社会融入、权益保护等方面存在困难的青年提供力所能及的关心帮助，落实全国高校思想政治教育工作会议上提出的围绕学生、关照学生、关爱学生要求，多做雪中送炭的事。共青团要进一步整合各方资源，多渠道、多途径、多角度了解和对接青年发展诉求，落实"以人民为中心"的发展理念，为青年发展提供资源配置、智力支持和条件保障，推动青年高质量、可持续发展。

新形势下加强团的自身建设，根本在于深化"党建带团建"，把团的建设纳入党的建设整体格局，这是共青团事业发展的根本保证。共青团组织主动适应时代发展和社会生活的新变革，主动适应青年群体内部结构的新变化和青年发展的新需求，逐步建立健全与社会主义市场经济体制相适应的组织体系和运行机制，不断提高自我完善和发展的能力。

四、坚持改革强团

站在新时代这一新的历史方位，以改革创新的精神寻求工作的新突破，是共青团赢得新发展、实现全面活跃的关键所在。共青团组织通过实施"改革强团"战略，紧跟新时代发展步伐，把握时代进步的根本特点，遵循青年工作的基本规律，进一步推进团的工作理念创新、思路创新、工作方式创新和工作载体创新，要以自我革命、刀刃向内的勇气实现共青团和青年工作的全面活跃。"共青团是党联系青年群众的桥梁和纽带，要紧紧围绕这个职责定位来谋划改革，出实招、出真招，不掩饰问题，不讳疾忌医，对症下药，刮骨疗伤，真正从思想上、工作上、制度上把这个问题解决好"。

五、坚持从严治团

"严"字当头，深化团的改革，发展团的事业，关键在于从严治团。要深刻认识团的建设是党的建设一部分的重大意义，深刻把握全面从严治党必然要求全面从严治团的重要逻辑。要把共青团工作纳入党的政治巡视工作范围，不定期对各级共青团组织和团的干部开展党风廉政谈话，严格对照全面从严治党标准、要求和做法切实管好团的专职干部、基层团工作骨干和团员，严守政治纪律和政治规矩，去四化、强三性，加强团的经费使用管理、团内评奖评优工作流程、团干部作风建设、团内请示报告述职制度等方面的管控和督查，同时广泛联系青年听取青年评议。适时用谈话提醒、通报批评、督导检查等手段，推动从严治团常态化、规范化，同时解放思想，把青年干事创业容错纠错与违纪违规有效区分，以保证共青团在党的领导下的纯洁性和创造性。

第五章　开创新时代共青团工作新局面

　　青年一代有理想、有本领、有担当，国家就有前途、民族就有希望。党的十八大以来，党中央从党的事业薪火相传、后继有人的战略高度出发，重视、关心青年和共青团工作，提出了一系列富有方向性、时代性、开创性的新观点新论断新要求，明确了青年工作的战略地位、中国青年运动的时代主题、青年工作的职责使命、青年一代健康成长的正确道路、青年工作的路径方法、共青团改革发展的目标任务，明确了必须加强党对青年工作的领导，形成了关于青年工作的重要思想，为做好新时代青年和共青团工作指明了前进方向、提供了根本遵循。

第一节　增强做好新时代共青团工作的责任感

　　共青团要始终清醒、自觉、坚定地坚持党的领导，带领广大青年跟党走，把握正确的人生航向。当代青年是同新时代共同前进的一代，既拥有广阔发展空间也承载着伟大时代使命。新时代经济建设主战场、文化发展大舞台、社会建设新领域、科技创新最前沿、基层实践大熔炉，都是青年躬身实践、贡献智慧力量的热土，是青年成长成才、勤学报国的广阔舞台。中华民族伟大复兴终将在广大青年的接力奋斗中变为现实，广大青年要成为走在时代前列的奋进者、开拓者、奉献者，做中国特色社会主义事业的合格建设者和可靠接班人。

一、从党中央对共青团工作的高度重视、悉心指导中感受责任

共青团事业是党的事业的重要组成部分，事关党执政的青年群众基础，事关党和国家的未来。党中央高度重视共青团工作，召开党的历史上第一次中央党的群团工作会议，指导制定新中国历史上第一个青年发展规划，指导审定共青团中央改革方案和中央团校改革方案，关心指导青联、学联、少先队改革，多次参加青少年和共青团的活动，发表重要讲话、提出重要要求。党的十八大以来，党中央对共青团工作的高度重视，为共青团工作倾注的大量心血，让广大团干部深刻感受到工作价值和重大责任。

二、从党中央对共青团的高度信任、充分肯定中坚定信心

党中央充分肯定了过去几年共青团工作和建设，重申共青团是党的助手和后备军。党中央对共青团的肯定和褒扬，让广大团干部倍感振奋，深受鼓舞。面对艰巨的改革任务，面对前进中的困难挑战，我们始终要有充足而坚定的自信，自觉把党中央的关心、信任转化为前进动力和工作业绩。

三、从党中央对当前形势和问题的深刻分析、深切提点中保持清醒

共青团仍然存在一定的问题、面临一定的挑战。这些问题，有的得到了初步解决，有些问题仍需要我们继续下大气力破解，即便是已经解决了的问题，其思想根子也还需要进一步祛除。特别是我国社会主要矛盾深刻转变，社会主义市场经济深入发展，城镇化、信息化快速推进，都给新时代共青团工作提出了许多新的挑战。与党中央的要求相比，与青年和社会的期待相比，与经济社会发展速度相比，共青团仍存在不小的差距，我们主观上许多落后于时代、落后于青年的沉疴痼疾还需要根治，客观上面临的诸多困难挑战也需要更好应对。解决这些矛盾和问题，不只是团干部的

思想认识问题，更有现实针对性的是能力问题、作风问题。我们要切实增强忧患意识、危机意识，知耻而后勇，激发斗志、急起直追，努力朝着党中央要求的方向奋勇前进。

第二节　新时代共青团工作面临的问题与挑战

鞭策催人奋进，责任重于泰山。在新时代党和国家事业极不平凡的发展进程中，共青团取得了可喜的成绩，实现了深刻的变革。团的政治建设得到根本性加强，政治站位切实提高，政治功能日益凸显，紧紧跟党走的行动更加自觉。团干部思想观念得到革命性锻造，深刻理解了团的时代方位、历史责任、工作价值，大大激发了跟上时代、跟上青年的忧患意识、使命意识，成长观和政绩观得到端正，"当青年官"的思想明显淡化，"做青年友"的自觉显著增强。共青团理想信念旗帜更加高扬、革命精神充分彰显，吸引力凝聚力影响力明显提升。

在看到成绩的同时，我们也要清醒认识到，团的工作和建设还有许多与新时代要求不相适应的地方。共青团改革取得的成果还只是初步的、阶段性的，不少举措还没有落到基层，改革中遇到的许多新问题仍有待破解，工作理念、工作方式、工作作风等方面的路径依赖依然比较普遍，"机关化、行政化、贵族化、娱乐化"问题的思想根子还有待进一步清除。全团抓主责主业的自觉性还不够，思想引导的吸引力感染力尚需持续加强。青年建功的品牌内涵还需不断深化拓展。服务青年的能力、水平和实效还有待提升。团的组织和工作有效覆盖还有许多空白，基层基础薄弱问题没有得到根本解决。从严治团离全面从严治党的要求还有较大差距。这些问题，必须下大决心、花大气力解决。

新时代共青团工作既迎来难得机遇，也面临重大挑战。我们必须充分认识到，全面建设社会主义现代化国家的宏伟蓝图、社会主要矛盾的深刻变化，对于共青团服务青年成长、在更加广阔的领域发挥青年生力军作用提出了新的更高要求；必须充分认识到，在改革开放和社会主义市场经济深入发展的条件下，青年思想的独立性、选择性、多变性、差异性日益增强，对于共青团提升思想引导工作的针对性有效性提出了新的更高要求；必须充分认识到，城镇化深刻改变着青年的流动、分布和聚集，对于共青团改变简单对应行政区划设置组织、平均配置工作力量的传统做法，构建覆盖有效的新型组织体系提出了新的更高要求；必须充分认识到，信息化深刻改变着社会组织运行机制和传播动员方式，对于共青团减少叠床架屋、实现扁平化运转，提升组织青年、宣传青年的核心能力提出了新的更高要求。全团要认清形势、坚定信心，改革创新、奋发有为，推动青年和共青团事业在新时代焕发出更加强大的生命力！

第三节　推进新时代共青团工作

伟大时代催生伟大思想，伟大思想指引伟大实践。党的十八大以来，党中央始终重视、关心青年和共青团工作，深刻把握党的青年工作规律，紧密结合当代中国青年运动实践，提出了一系列富有战略性、时代性、开创性的新观点新论断新要求，形成了关于青年工作的重要思想。

党中央高度重视青年的历史作用，始终从事关实现中华民族伟大复兴中国梦、事关党和人民事业全面发展的战略高度看待青年；强调党管青年的根本原则，不断加强党对共青团的领导，重视长远规划青年发展，要求全党做青年朋友的知心人、青年工作的热心人、青年群众的引路人；强调坚持中国青年运动的时代主题，要求广大青年珍惜难得的人生机遇，同人民一起奋斗、同人民一起前进、同人民一起梦想，做追梦者、当圆梦人；强调青年健康成长的正确方向，要求青年扣好人生第一粒扣子，培育社会主义核心价值观，爱国、励志、求真、力行，用一生践行跟党走的理想追求；强调坚持服务青年的工作生命线，要求深入青年之中，倾听青年呼声，多做雪中送炭的实事，多关爱困难较大的青少年，让青年遇到困难时想得起、找得到、靠得住；强调把握青年工作的基本规律，要求始终站在理想信念的制高点上，把握青年脉搏，引领青年风尚，采取青年喜闻乐见、易于接受的形式，不断增强吸引力凝聚力和有效覆盖面；强调新时代共青团改革发展的目标任务，指出共青团要坚定不移走中国特色社会主义群团发展道路，牢牢把握根本任务、政治责任、工作主线，保持和增强政治性、先进性、群众性，始终紧跟党走在时代前列、走在青年前列。

党中央关于青年工作的重要思想，开辟了马克思主义青年观和党的青年工作思想的新境界。马克思主义始终把关注的目光投向青年、投向未来，强调要重视青年、关心青年、依靠青年。中国共产党始终把青年看作是推动历史发展和社会前进的重要力量，在领导中国青年运动的实践中不断丰富和发展青年工作思想。党的十八大以来，党中央既着眼党和国家事业全局，又照顾青少年和共青团工作特点，深刻回答了我国青年运动从哪里来、向哪里去，我们党培养什么样的青年、怎样培养青年等重大理论和实践问题，为新时代中国青年运动标定了历史方位、指明了前进方向。2015年，党中央召开了党的历史上第一次中央党的群团工作会议，领导部署了包括共青团在内的党的群团改革，领导制定了新中国历史上第一个青年发展规划，将党的青年工作实践推进到了历史新阶段。

新时代要求共青团把培养中国特色社会主义事业建设者和接班人作为根本任务，把巩固和扩大党执政的青年群众基础作为政治责任，把围绕中心、服务大局作为工作主线，增强自我革新的勇气，下大气力解决突出问题，切实保持和增强政治性、先进性、群众性；强调全党要关注青年、关心青年、关爱青年，倾听青年心声，做青年朋友的知心人、青年工作的热心人、青年群众的引路人。总书记的这些重要要求，既是对党的青年工作优良传统的继承发扬，也是对共青团适应时代要求创新发展的重要指引，有方向、有目标、有路径，进一步揭示了共青团的本源初心及其在新的历史条件下的实践要求。

共青团要努力把共青团建设得更加充满活力、更加坚强有力，团结带领广大团员，在奋斗中释放青春激情、追逐青春理想，以青春之我、奋斗之我，为民族复兴铺路架桥，为祖国建设添砖加瓦。

中国特色社会主义进入新时代，共青团工作必须要有新气象、新作为。做好新时代的共青团工作，必须毫不动摇坚持党的领导，坚持政治建团，牢牢抓住三个根本性问题，有效引领青年，坚定不移深化改革，全面从严治团抓好基层团组织建设，才能汇聚起实现中华民族伟大复兴中国梦的强大青春力量，不辜负党的重托和期望。

一、必须毫不动摇坚持党的领导

从诞生之日起，共青团始终坚持"党有号召、团有行动"，以党的政治纲领为奋斗目标，以党的指导思想为行动指南，以党的中心任务为神圣使命，在革命、建设、改革各个历史时期发挥了重要作用。在任何时候、任何情况下，共青团都必须把自己置于党的领导之下，始终牢牢把握坚持党的领导、团结带领广大青年跟党走这个政治方向，自觉坚持党对团的政治领导、思想领导、组织领导，严守党的政治纪律和政治规矩，把党的理论和路线方针政策贯彻落实到团的工作各方面、全过程，不断增强政治意识、大局意识、核心意识、看齐意识，更加坚定自觉地向党中央看齐，始终在思想上、政治上、行动上同党中央保持高度一致。必须始终把做好青年思想政治工作作为重中之重，站在理想信念的制高点上感召青年、凝聚青年，把理想信念浸入全体团组织、团干部和团员青年的灵魂，解决好世界观、人生观、价值观这个"总开关"问题，坚定对中国特色社会主义的道路自信、理论自信、制度自信、文化自信。

二、必须坚持政治建团

政治性是共青团第一位的属性，必须把政治建团作为最高原则。要切实增强"四个意识"，自觉在政治立场、政治方向、政治原则、政治道路上同党中央保持高度一致。要坚决担负起政治责任，向青年有效传播党的主张，大力提升团员先进性，努力培养一批又一批新时代青年马克思主义者，源源不断为党输送新鲜血液和政治骨干。要突出政治功能，防止把团的组织等同于一般社会组织，防止把团的工作等同于一般事务工作。

三、必须牢牢抓住三个根本性问题

习近平总书记在同团中央新一届领导班子成员集体谈话中，明确指出了新时代团的工作关键，就是抓住三个根本性问题：一是必须把培养社会主义建设者和接班人作为根本任务；二是把巩固和扩大党执政的青年群众基础作为政治责任；三是把围绕中心、服务大局作为工作主线。这"三个关键"是对新时代共青团建设的政治要求，为新时代共青团工作提供了基本遵循。

四、必须有效引领青年

通过狠抓"青年大学习"，努力培养一批又一批新时代青年马克思主义者，源源不断为党输送新鲜血液和政治骨干。要广泛动员青年，站在理想信念的制高点上，用中华民族伟大复兴的中国梦感召青年，围绕统筹推进"五位一体"总体布局和协调推进"四个全面"战略布局，聚焦打好"三大攻坚战"，组织动员广大青年立鸿鹄志、做奋斗者，青春建功新时代，努力成为担当民族复兴大任的时代新人。要更好联系服务青年，眼睛向下，面向基层，不断扩大共青团工作的有效覆盖面。坚持服务青年这一工作生命线，抓好《中长期青年发展规划（2016—2025年）》的落实，千方百计为广大青少年排忧解难，努力让共青团成为广大青年遇到困难想得起、找得到、靠得住的力量。

五、必须坚定不移深化改革

深化共青团改革，是党的要求，更是共青团加强自身建设的迫切需要。在社会结构和治理方式深刻变化、经济组织和商业模式深度调整、技术变革和社会生活持续更新、资源配置和动员方式重大转变对青年带来深刻影响的新形势下，共青团唯有解放思想、与时俱进，紧跟时代变革、把准青年脉搏，坚决解决思想方法、工作方式、组织制度中存在的突出问题，方能挺立潮头引领青年，否则就可能成为青年的"尾巴"。要以高度的政治责任感和历史使命感深刻理解改革、坚决支持改革、踊跃投身改革，进一步增强政治性、先进性、群众性，使共青团在正本清源、回归本质中不忘初心，在紧跟时代、自我革新中继续前进。要坚持问题导向、刀刃向内、攻坚克难，以抓铁有痕、踏石留印的韧劲和作风深化共青团改革攻坚，促进改革举措落地见效，使共青团工作始终体现时代性、把握规律性、富于创造性。要切实转职能、转观念、转方式、转作风，更加重视基层基础，更加重视全团联动，更加重视目标导向，不断增强共青团改革的系统性、整体性、协同性，真正在改革创新中把共青团的整体功能发挥出来、整体活力提升起来。

六、必须全面从严治团

新时代全面从严治党，必然要求全面从严治团。组织严密、纪律严明、作风严实，是党对共青团的一贯要求，也是从严治团的努力方向。要抓住团干部这个关键和团员队伍这个基础，把组织生活严起来，把制度笼子扎起来，把纪律戒尺用起来，严出先进性和纯洁性，严出组织力和战斗力。党中央要求，共青团要切实落实从严治团要求，做到政治上要严、团的干部队伍建设要严、团员队伍建设也要严。我们必须发扬勇于自我革命的精神，自觉向新时代党的建设新要求和全面从严治党高标准看齐，把全面从严治团，体现在坚决态度上，落实到具体行动中，以全面从严治团的实效推动团的组织力、战斗力根本性提升。全面从严治团的重点要严到人、严到位，对于专职团干部、团的基层工作骨干、共青团员三支队伍，要分类施策、精准落实。对于专职团干部，我们要按照对党员领导干部的要求从严管理，切实提高政治站位、提升政治能力，真正树立起一心向党、一心干事、心系青年、纯粹干净的新时代团干部良好形象。对于团的基层工作骨干，我们要从基层实际出发，坚持严管与厚爱相结合，建立科学的激励约束机制，努力激发他们积极主动做好共青团工作的内生动力和岗位荣誉感。对于共青团员，我们要持之以恒加强团员先进性建设，突出政治标准，严把入口关，同时把更大功夫下在入团以后，教育团员做青年表率，平常时候看得出来、关键时刻冲得上去。

七、必须抓好基层团组织建设

基础不牢，地动山摇。基层团组织是共青团全部工作和战斗力的基础，是落实各项工作任务的组织基础和重要支撑。新时代，要树立大抓基层的鲜明导向，创新基层团的组织方式和活动方式。要全面从严治团。打铁必须自身硬。以党的政治建设为统领，加强共青团系统党的建设，坚决维护党中央权威和集中统一领导；抓住团内"关键少数"，按照"坚定理想信念、心系广大青年，提高工作能力、锤炼优良作风"的要求，加强团干部队伍建设；要抓好团员队伍建设，严把团员入口关，强化团员的教育实践，不断增强团员先进性，不辜负共青团员的光荣称号。

共青团改革是党的群团工作改革的重要组成部分，作为党领导的先进青年的群众组织，共青团力争通过改革破解组织发展的思维定式、重点难点和体制机制问题，着力打造团青关系新格局，使共青团重新焕发生机和活力。随着我国改革开放的不断深入和经济社会结构的深层次调整，当代青年拥有了前所未有的选择空间，激发了广大青年对自我价值和主体利益的追求，从而引发了大规模地域和职业的流动。这种流动导致了青年分布状况的改变和青年群体的日益分化，形成了与经济成分和社会生活方式多样化相适应的诸多新兴青年群体，比如"蚁族"青年、"工蜂"青年，"河游"青年、签约作家、网络意见领袖、独立演员歌手等。对青年来说，这是市场条件下自由选择的结果，其积极意义是不言而喻的。但对共青团来说，游离于团组织之外的"建制外青年"数量急剧增加，直接影响是使得现行基层组织设置和工作覆盖不充分、团组织对青年的带动作用不够、团的先进性体现不明显、吸引力凝聚力不强。

群团工作是践行党的群众路线的重要力量，青年工作是党的群团工作的重要组成部分。与其他群团组织不同，共青团是一个关涉"未来"的组织——团员很多会成为党员，青年会成长为社会的中流砥柱；团的工作能不能做好，很大程度上关系到"扣好人生第一粒扣子"的问题。党的群团工作不应是科层化的，而应是扁平化的。尤其是对于青年群众而言，团组织更不能成为机关大楼里"发号施令"的"科层系统"，而是要成为广大青年身边的"扁平组织"。党是通过共青团工作与青年群众建立感情和信任的，共青团和青年的关系在很大程度上决定着青年对党的感情和信任，也关系到国家的前途命运和党的事业能否接续有人。

因此，在青年工作环境和工作对象出现重大变化的形势面前，加强和改进党的青年群众工作极为紧迫。我们要通过强基层、专兼挂、扁平化、项目化等一系列举措，通过扎扎实实的制度化设计，去真正识青情、听青意、取青智、聚青心，通过打造团青关系新格局，提升国家治理能力的现代化水平，加强中国共产党与广大青年的联系，团结带领广大青年强化坚定不移跟党走的决心和信心。

纵观世界历史，在人类发展的重大节点上，青年都会发挥重要作用。实现"两个一百年"奋斗目标和中华民族伟大复兴的中国梦，当代青年责无旁贷。如何引领庞大的青年群体，并发挥他们的积极作用，是前无古人的伟大事业，这需要共青团通过不断深化改革来回应。

第六章 新时代大学生的"德"

在新形势下，加强大学生思想政治教育，改进高校思想政治教育建设，要紧紧围绕育人这个中心，把德育融入高校思想政治教育建设的各个方面，贯穿于思想政治教育工作的各个环节，把德育和思想政治教育结合起来，以德育主导为核心，发挥德育在高校思想政治教育建设中的价值，推进大学生思想政治教育工作紧跟时代发展的步伐，实现大学生思想政治教育的与时俱进。

第一节 新时代大学生德育的意义

德育工作是学校工作的灵魂，它致力于对学生思想品德和人格素质的培养，体现着学校教育的基本目的，贯穿德、智、体、美、劳教育实践的各个方面，统领着整个学校教育。它对青少年学生健康成长和学校工作起着导向、动力和保证的作用。德育教育能帮助学生更理性地面对开放的世界，学会自主思考、自主选择，确立正确的价值取向，养成民族尊严感和责任感，增强民主与法制意识、创新意识与创新能力，等等。

一、加强大学生德育教育是建设社会主义和谐社会的关键

对于在校大学生而言，当其走出大学校门时就成为未来社会财富的缔造者。因此，大学生的德育水平就在一定程度上直接影响着整个社会的德育水平。倘若没有对大学德育教育体系进行有效的完善，就会助长大学校

园中的不良社会风气，这样就给大学生的德育水平的提高带来了负面影响。因此，应大力加强大学生的德育教育，如此才能促进社会主义和谐社会的稳定发展。

二、引导大学生坚持正确的价值观

大学生正确的价值观的养成可以帮助他们能够更加适应未来社会的发展，并在社会的发展中不断地了解自身的价值。而大学生作为未来社会的建设者，是社会发展的主要中坚力量。因此，不断地引导学生坚持正确的价值观对于社会的和谐发展具有至关重要的作用。大学生一般都具有较强的学习能力，对于各国文化的接受能力也逐渐增强。而帮助和引导学生树立正确的价值观，就可以促进大学相关德育工作的有效开展，就能提高其德育水平。

三、有利于提升大学生的综合素质

高等学校将德育内容融入学生的专业教育，进而全面提升学生的综合素养与思想道德品质，最终促进其全面发展。

高校德育教育有助于培养高素质人才。高校担负着培养高素质创新人才的光荣任务。高素质创新人才既要有较高的科学文化素质、过硬的身体素质，还要有良好的思想道德素质。思想道德素质是最重要的素质，对其他素质的提高起着决定性作用。因此，不断增强学生的社会主义思想，爱国主义、集体主义观念是素质教育的灵魂。

第二节　新时代大学生德育的内容

德育即思想品德教育，是教育者按照一定社会要求，有目的、有计划地对受教育者施加系统的影响，把一定社会的思想观点、政治准则转化为个体思想质量教育。德育有广义和狭义之分。广义的德育指所有有目的、有计划地对社会成员在政治、思想与道德等方面施加影响的活动，包括社会德育、学校德育和家庭德育等方面。狭义的德育专指学校德育，指在学校教育中，教育者按照一定的社会或阶级要求，有目的、有计划、有系统地对受教育者施加思想、政治和道德等方面的影响，并通过受教育者积极的认识、体验与践行，以使其形成一定社会与阶级所需要的品德的教育活动，即教育者有目的地培养受教育者品德的活动。本书所探讨的德育是狭义德育的概念，即学校德育。从类型划分的角度说，德育即培养学生在私人生活、国家和社会生活、公共生活、职业生活中的道德意识，以及合乎私德、国民公德与社会公德、职业道德规范的行为习惯。

关于德育一词，一般认为是近代以来西方学者使用的新概念。1860年，英国社会学家、教育家赫伯特·斯宾塞在《教育论》中，把教育划分为"智育""德育""体育"。从此，"德育"这个词逐渐成为教育界中的一个基本概念和常用术语。

我国古代虽然并没有德育这个概念，但是我国古代却有着丰富的德育思想。我国古代的道德理论和实践历史悠久、源远流长。可以说，中国古代德育思想是中华民族宝贵的精神财富。中国古代德育，也称为德教，是指社会对其成员的道德意识、道德质量、道德信念、道德情操、道德行为、道德境界等诸多方面施加系统的影响，使之自觉地遵守道德行为准则，履行自己对社会和他人应尽的道德义务。我国古代的政治家、思想家和教育家们，十分重视道德的教育和道德的修养，提出了一套内容十分丰富、独具中国古代特色的道德教育和道德修养的理论和学说。

中国古代的德育目标，主要是儒家提出的德育目标，《大学》中明确定义说："大学之道，在明明德，在亲民，在止于至善。"这就是说，德育的主导目标是道德目的，其具体内容就是塑造理想道德人格，培养的是人的"德"与"善"。人格，简言之，就是做人的规格。人的规格有高有低。"所谓塑造理想人格，就是有意识地创造人们共同景仰的人格范型，引导人们攀登崇高的道德目标"。

中国古代德育的内容，主要是儒家提出的道德准则和要求，孔子提出以"礼"和"仁"为核心的道德规范。孔子主张以"礼"为道德规范，以"仁"为最高道德原则。中国古代德育的主旨在于维护封建制度，教育的最基本内容是"君君、臣臣、父父、子子"的伦理道德，所以，儒家伦理规范教育自然成为封建统治阶级进行德育的主要内容，但同时，中国古代德育的内容又是丰富多彩的，是多样化发展的，其中包含着爱国主义、民族意识、社会责任感、传统美德等方面的教育，这些也是中国古代德育内容的重要组成部分。个人成就的大小以及评判标准完全是德育性的，德育一旦成为教育的灵魂，智育、美育、体育等内容都以德育为核心了，一句话，所有的教育活动都以培养伦理道德为己任。

中国古代的德育方法，最主要的是教育灌输和化民成俗两种形式。封建统治者为了传播、灌输儒家思想，尽力推崇儒学的《易》《诗》《礼》《大学》《中庸》等四书五经，为了使这些经书的内容普及，妇孺皆知，采取了编写和普及蒙书的手段，如《三字经》《二十四孝图》等通俗易懂的读物，在民间大量推广，从而达到普及儒家伦理道德的教育目的。化民成俗是指通过教化，使人们养成良好的道德习惯，主要是设置专司教化的官方机构和人员以及制定乡规民约，此外，还有自我教育、循序渐进、启发诱导、因材施教、教学相长等多种多样的德育方法。

我国的德育概念是 20 世纪初随着西方文化的传入而使用的。我国最早使用德育这一专门术语的是 1902 年的《钦定京师大学堂章程》："外国学堂于知育体育之外，尤重德育。"1906 年王国维所著《论教育之宗旨》正式使用"德育"一词，他所说的"德育"实际上就是道德教育。后来学者对"德育"也作"道德教育"的理解，"德育为教育之一方面，以儿童之道德心之陶冶为目的"，是"德性之熏陶也"。由此可见，我国传统的德育概念初期仅限指"道德教育"。

新中国成立以后，由于受我国社会意识形态发展的影响，德育内容有了新的扩展。特别是 20 世纪 80 年代，人们逐渐把道德教育、政治教育、人生观和世界观教育、法制教育等收进德育概念中来，于是出现了与德智体全面发展和德才兼备意义上的"德"的素质相对应的德育概念。随着时代发展和对德育概念认识的深化，不仅仅突出德育的社会性目标和统一性要求，受教育者的主体性、个体目标和多样化需要也进一步体现出来。德育概念体现出一方面要遵循社会发展的要求和根据社会的需要来实施，另一方面强调要"遵循青少年学生思想品德形成的规律"和"受教育者的需要"，从而实现了德育客体性、统一性与层次性的有机统一。

中共中央、国务院发出的《关于进一步加强和改进大学生思想政治教育的意见》指出，加强和改进大学生思想政治教育的主要任务，一是以理想信念教育为核心，深入进行社会主义的世界观、人生观和价值观教育。要深入开展党的基本理论、基本路线、基本纲领和基本经验教育，开展中国革命、建设和改革开放的历史教育，开展基本国情和形势政策教育，开展科学发展观教育，使大学生正确认识社会发展规律，认识国家的前途命运，认识自己的社会责任，确立在中国共产党领导下走中国特色社会主义道路、实现中华民族伟大复兴的共同理想和坚定信念。同时，要积极引导大学生不断追求更高的目标，使他们中的先进分子树立共产主义的远大理想，确立马克思主义的坚定信念。二是以爱国主义教育为重点，深入进行弘扬和培育民族精神教育。要把民族精神教育与以改革创新为核心的时代精神教育结合起来，引导大学生在中国特色社会主义事业的伟大实践中，在时代和社会的发展进步中汲取营养，培养爱国情怀、改革精神和创新能力，始终保持艰苦奋斗的作风和昂扬向上的精神状态。三是以基本道德规范为基础，深入进行公民道德教育。要引导大学生自觉遵守爱国守法、明礼诚信、团结友善、勤俭自强、敬业奉献的基本道德规范。四是以大学生全面发展为目标，深入进行素质教育，促进大学生思想道德素质、科学文化素质和健康素质协调发展，引导大学生勤于学习、善于创造、甘于奉献，成为有理想、有道德、有文化、有纪律的社会主义新人。

我国大学德育内容的重点具体说来应当包括或强调以下几个方面。

一、基本道德和行为规范的教育

基本道德是个体生活的基础性道德要求。基本道德往往是历史上传承下来为人类社会广泛接受的道德规范。

美国教育学者阿迪斯·瓦特曼说，不管时代如何变化，我们总将有着和我们祖先同样的需要。那就是，愉快、勇敢地度过我们的一生，和周围的人友好相处，保持那些指导我们更好成长的品质。这些品质是欢乐、爱、诚实、勇敢、信心，等等。

德育的基础是要教学生学会做人，所以诸如公平、正直、诚实、勇敢、仁爱、热爱劳动、艰苦朴素等应当成为中小学德育的奠基性内容。在基本道德教育方面，我们曾经有过极左的思维，用道德的时代性、阶级性、民族性等等否定道德的历史继承性和全人类的共性。其结果是基本道德情感的消失和起码的道德规范的丧失。极端的例子是"文革"时期，打、砸、抢等犯罪行为反而成为合乎道德的"正义"行动。这一历史教训在今天的德育实践中决不可以轻易忘记。

对学生进行文明行为教育，培养学生文明行为习惯，也是学校德育经常性的重要内容之一。学生无论在学校、家庭和公共场所，都应当遵守文明行为规则。文明行为的内容广泛，涉及人们生活的各个方面，看起来似乎是日常小事，但却是一个有教养的人的文化修养和精神内涵的标志或表现。当然，文明行为不只是一个人行为的外部表现，重要的是这些外部行为应反映出一个人的心灵或性格的内在特征。否则，一些人表面看来"彬彬有礼"、衣着讲究，给人一种很有"教养"的印象，但实际上他仍可能是虚伪、狭隘、自私和粗鲁的人。所以文明行为教育应当同个体的精神培育结合起来。

二、公民道德与政治品质的教育

公民道德与政治品质教育的主要内容包括集体主义、爱国主义、民主法制观念和其他政治常识的教育等项内容。

集体主义教育是社会主义道德品质教育的最重要的内容之一。集体主义教育必须要养成学生善于在集体中生活的习惯，使学生能够关心集体，关心同学，愿为集体和同学服务；学生对集体要有责任感与荣誉感；发展同学间的友谊，促进同学间的团结。我国现在的中学生许多人是独生子女，对他们进行集体主义教育是他们健康和幸福成长的重要途径。

爱国主义是人类一种最古老的感情，是千百年巩固起来的、人们对祖国的一种最深厚的情感，是对祖国在历史上所起的进步作用的正确理解，也是力图使祖国更富强、更强大，为世界和平与人类进步做出更大贡献的一种坚定的志向。进行爱国主义教育应当注意的问题主要有：第一，爱国主义教育既有一般的对于祖国的向往、爱恋之情，也有对于具体的祖国的热爱与奉献的冲动。向学生进行爱国主义教育，主要是倡导民族奋发精神，焕发儿童和青少年的斗志，为把祖国建设成一个社会主义强国而不懈努力。其中要特别注意实现爱国主义教育对中学生学习动机的增强作用。第二，爱国主义与爱社会主义制度是一致的。只有社会主义才能救中国，只有社会主义才能发展中国，这是中国历史的必然选择。所以真正的爱国主义者必然热爱社会主义制度，拥护改革开放政策。应当努力实现爱国主义与爱社会主义教育的内在统一。第三，爱国主义应与改革开放的新形势紧密结合。由于科技、经济的发展，今天的世界已经变成了一个"地球村"。中国的发展进步是世界发展进步的一部分。当今世界的许多问题也只有从全球的大局出发才有可能解决。加强各民族之间的理解与合作是世界进步和国家发展的重要条件。所以，今天的爱国主义教育，应当将爱国主义同国际主义、国际合作和对世界和平事业的理解和支持等等紧密地结合起来。

爱国主义在政治生活中的重要表现是自觉维护民主与法制。所以法制意识的培养也是学校德育的重要内容。中学阶段应当努力对小学生进行民主与法制的启蒙教育，使学生对民主的政治与社会生活及其条件有较为感性和直接的了解，从小树立民主与法制的观念。同时还应当采取适合中学生发展实际的形式进行其他有关国家政治生活常识的教育。

三、世界观、人生观和理想信念教育

世界观、人生观、理想是人的精神内核。对世界观、人生观和理想信念的培育是德育的最高目标，同时也是德育的基础性工作。只有确立了正确的世界观、人生观及美好理想，学生才可能有健康、自觉的价值生活，才能有真正合乎道德的行为，形成真正的文明行为习惯。青少年处在世界观、人生观和理想的形成、发展的关键时期。世界观、人生观和理想的基础教育应当成为德育的重要内容和根本任务。

在价值多元共生的当下社会，道德教育要在尊重主体性的同时寻求与社会公共价值和共同善美保持稳定的一致性，即寻求社会道德审美的最大公约数，实现自我价值和社会价值的共美发展。因此，要充分发挥"感动活动"的育人功能，把先进典型作为教学案例，融入思政理论课和党校团校培训、纳入始业教育体系，形成课外传播感动、课堂弘扬最美的强劲合力，使"感动无处不在"成为大学校园的最美风景线；要大力开展社会道德模范、"最美"人物进校园宣讲活动和志愿者服务、"三下乡"社会实践活动，引领大学生在见贤思齐，身体力行地服务他人、服务社会、服务国家的"追美"实践中，将社会主义核心价值观内化为道德认同和道德信仰，自觉担负起建设美丽中国、实现伟大中国梦的道德使命。

第三节　新时代大学生德育的实践

道德属于上层建筑的范畴，是一种特殊的社会意识形态。要培育青少年爱国情怀、集体意识、品德修养，正确处理国家、集体、个人三者关系。培养学生的爱国情怀，让爱国主义精神在学生心中牢牢扎根，把爱国情、强国志、报国行自觉融入坚持和发展中国特色社会主义事业、建设社会主义现代化强国、实现中华民族伟大复兴的奋斗之中；着力引导学生把

正确的道德认知、自觉的道德养成、积极的道德实践紧密结合起来，自觉培育和践行社会主义核心价值观。

德育教育任重而道远，德育工作也事关国家的长治久安。与家庭教育、社会教育紧密结合，学校德育工作才能取得成效。当今学生所在的时代是信息时代，成长的环境纷繁复杂，对学生的德育要想取得实效，必须紧紧扣住家庭教育和社会教育这两个重要环节。而交流工作的多元化，也为家校的沟通提供了便利，学校可以通过传统的家长会、家访、家长来访等方式加强沟通联系，也可以通过电话、微信、QQ 等即时工具实现互动的便利化。让学生走出校园，走进社会，参与社会实践活动；或者邀请社会上不同身份的人群走进校园，传经讲道，也是德育工作创新的方式。正如有些学校正在开展的家长智慧课堂，不定时地邀请家长来给孩子们上课，讲社会发展、谈个人成长。这正是学校创新德育工作的一项重要举措。

思想道德教育的课堂教育教学是高校德育的主渠道，是一个重要的教育阵地。一直以来，党和国家都高度重视大学生的思想道德教育，充分保障思想道德教育的课堂教育教学。

一、开展思想道德教育的主要方法

针对受教育者群体的不同，分别进行德育教育。一是，适应教育。此教育方法主要是针对大一新生。告别高中进入大学可以说是人生的转折点之一，学习和生活方式的改变会使很多同学措手不及，同时由于高校近年的不断扩招，农村学生、贫困学生等数量增加，难免出现各种问题。在这种情况下，高校要重点培养学生自我成长意识和集体意识，加强自我认识的养成。使大学生能够准确地评价自己，不自傲、不自卑，给自己一个合理的定位。二是，目标教育。经过一年的适应期，高中的勤奋早就忘得一干二净，对于大二学生来说，正处于人生的重要时期，要有自己的目标。各高校要逐渐培养学生的学习意识，选择积极的自我形象，使大二学生能够控制自己的情绪、取悦自我，塑造一个和谐的自我。三是，激情教育。

度过了两年的大学生活，大三学生已经熟悉了学校的一切，甚至有点厌倦，这一阶段学校要重点激励大三学生重拾学习的热情，再次投入到学习中，不断提高自身素质。同时不断引导学生学会自律，给自己一个合理的定位，能够正确认识挫折，对待挫折。四是，过渡教育。关于大四学生，主要是帮助其树立正确的就业观。大学学习的最终目的在于把所学到的知识奉献给社会，做一名对社会有用的人。但是，由于近年来的就业形势严峻，很多同学都面临就业压力，高校要把工作重点放在就业方面，培养学生的竞争意识。

二、开展身心素质教育

（一）身心素质教育的内容

主要由军事训练、身体素质、心理素质三方面构成。军事训练教育主要是国防教育的一部分，开展军事训练教育主要是使大学生在接受军事训练时能够养成令行禁止的纪律观念，培养其吃苦耐劳的精神，熟悉、掌握军事的基本要领。在军事训练教育中，高校各班主任及辅导员要严格配合教官对学生进行军事训练，要在军事训练中不断鼓励学生学会坚持，学会吃苦，学会生存。身体素质是指基于遗传和后天习得的表现在身体形态、身体机能、运动素质以及抗病能力等方面的稳定的状况和特征，身体素质教育旨在提高学生的身体机能，促进学生身心全面发展。目前高校大学生只有极少部分的学生参加体育锻炼，甚至有 29% 的同学从不参加任何锻炼。所以在身体素质教育中，要积极引导他们学会保护自己的身体，树立"健康第一"的思想，掌握相关的自卫知识，合理选择健康的生活方式等。心理素质主要包括人的认知能力、情绪和情感品质、意志品质、气质和性格等个性品质诸方面，心理素质教育是高校工作者对学生进行心理引导使其心理达到健康水平。在之前的问卷调研中，如何对待生活中所遇到的挫折，仅有 1.9% 的同学会积极面对生活学习中所遇到的挫折，且有 19.9% 的同学选择难以承受，大学生的心理素质急需提高。在心理素质教育中，高校各班主任及辅导员通过培养学生人格的健全让学生学会正确评价客观事物，正确对待自己与他人，善于管理情绪。同时鼓励他们积极投身于社会实践，扩大人际交往，建立广泛的社会支持系统，通过群体交往活动，理解人与人之间的关系，体验友谊与沟通的快乐，开阔视野，并寻找广泛的社会支持。当面临挫折和压力时，学会走出沼泽地，走出阴暗，走向光明。

（二）身心素质教育运用的主要方法

第一，兴趣激发法。兴趣是学习和事业成功的重要心理因素，高校可以用兴趣启迪和培养学生的创新能力。可以运用竞赛和游戏培养学生的兴趣，根据大学生争强好胜的心理因素在教学中运用竞赛和游戏来激发学生的兴趣，提高高校大学生的学习兴趣，激发其创新力。第二，疏导渗透教育法。高校通过教育帮助大学生提高自己的心理认知能力，让学生实事求是地认识和分析心理问题，把学生的心理引导到正确的方向上。第三，典型教育法。典型教育法又称为榜样示范法，高校可以将抽象的说理变成典型的人物和事件对大学生进行教育，激发大学生思想的共鸣，引导其进行学习。

在中华民族伟大复兴的征程中，榜样力量荡涤社会风气，必将成为助推实现中国梦的强大精神力量。道德模范事迹之所以激荡人心，是因为其总能唤起人们内心深处的情感：友善关爱、真情真意。师生情、救孤情、援救情……一份份真挚的情感令人动容，涓涓暖流缓缓流进人们的内心深处最柔软的地方。

毕明哲，生于1992年，是2013年第四届全国道德模范提名奖获得者。12岁时，毕明哲发现同学王理因先天性肌无力症行动不便，而其父亲因工作繁忙无暇分身接送。于是，作为班长的毕明哲毫不犹豫地承担起了照顾同学的职责，用他小小的身躯背着比自己大半岁的王理风雨无阻地上下学。用自己并不宽阔的臂膀，给予王理大山般的依靠。甚至高考结束后，毕明哲放弃了原本拿到的本科录取通知书，改读在长沙的专科学校，只为陪伴兄弟一起读大学。"背着王理上学是我12岁那年许下的承诺，男子汉就应一诺千金!"毕明哲曾这样说。同窗情也在稚嫩的肩膀上成长为了珍贵的兄弟情。

上善若水,厚德载物。毕明哲说自己其实"很普通",和其他大男孩儿一样憧憬着人生的花季。他只是怀着一种朴素的信念,坚持做着自己认为正确的事,在面临人生的一次次抉择的时候,选择坚守曾经许下的诺言。从他的身上,我们分明感受到了一种道德的力量,也看到了"九〇后"的担当和精神风貌。"毕明哲们"的信念,才是社会的希望。我们这个社会,向来提倡助人为乐,从来不缺少英雄。然而,从社会层面来看,就需要更多"活出精彩的英雄",彰显现代文明社会的人文色彩和人本理念。毕明哲举动的社会意义就在这里:助人不仅是一面道德镜子,更是一座爱心加油站,把更多爱的能量传递给他人,并升华为一种扬善的精神和信念。因为任何古道热肠都将激活和传递人们心中或隐藏或消弭或沉睡的善。

社会主义核心价值观是当代中国精神的集中体现,凝结着全体人民共同的价值追求。当代中国青年应抓住中华民族伟大复兴的大好机遇,在为实现中国梦奋斗的历史进程中实现人生理想;以社会主义核心价值观为坐标确定自己的人生价值,做到爱国为民、守法诚信、勤劳有德;积极服务国家与人民,主动帮助青年,努力造福社会,做到对社会负责任,对人民有贡献。

"少年辛苦终身事,莫向光阴惰寸功"。青年一代也涌现了一批有责任、有担当,奋发有为的好青年。"九〇后"战地记者杨臻就是其中一位。战地记者与近现代战争紧密相连,其责任感、使命感,既源于对新闻事业的热爱,也源自对正义和平的向往。杨臻,2013 年毕业于北京外国语大学阿拉伯语系,同年进入新华社国际部阿文室工作。2014 年 9 月至 2017 年 3 月在新华社驻叙利亚大马士革分社工作,多次前往交火前线和恐怖袭击现场报道。摄影作品《决战阿勒颇》获得 2016 年度人民摄影"金镜头"突发新闻类组照银奖。

说起叙利亚,大部分人可能都会想到战乱,而杨臻在叙利亚一待就是两年半的时间。叙利亚危机持续多年,无论局势如何危急,新华社记者们从未退却。交战，有时就在他们的驻地门前，子弹甚至夺取过他同事的生命。然而他和同事们仍然前赴后继、坚守岗位，他们经历了叙利亚政府军从节节败退到转守为攻，目睹了极端组织"伊斯兰国"的异军突起到日渐衰落，见证了一座一座千年古城的失守和收复……这些战事的重大节点，他们都在现场，从未缺席。杨臻曾说过："作为记者，我们无法阻止眼前发生的一切，但我们要把真相告诉全世界。我们扎根战地，不仅要让世界看到真实的描述、正义的记录以及和平的呼唤，更要让全世界听到中国的声音、中国的立场和中国的主张……我们是中国声音的传播者，我们就是火星四溅中的新华社记者。"将战争的残酷原原本本地记录下来，讲述给全世界，这是战地记者朴素而执着的信念。战地记者出生入死的敬业精神与职业追求，也时刻提醒今天的青年一代：我们的初心是什么，我们为什么出发。

杨臻始终都在用自我成就与国家需求的紧密结合，塑造着一种超越个人快乐的伟大志趣。树立远大理想，坚定共产主义信念，是党对我们的基本要求。当代大学生必须树立共产主义理想和中国特色社会主义信念，自觉投身于社会主义现代化建设的伟大实践中，胸怀远大理想，为中国特色社会主义事业和中华民族的伟大复兴而不懈奋斗。此外，我们还要有艰苦奋斗、不屈不挠的精神。要把远大的理想同自己的学习和工作结合起来，在学习和工作中，发扬艰苦奋斗的精神，吃苦在前，享乐在后。同时，要乐于助人，热心帮助身边每一位同学，以积极的态度和坚定不移的精神为实现中华民族伟大复兴中国梦做出更大贡献。

实践方案

活动一：学习讨论当代大学生如何确立理想信念

【实践目标】

通过学习十九大精神，深刻理解理想信念是青年学生思想行动的"总开关"这一指导思想。

【实践方案】

分组：10 人一组，设组长一名，记录员一名。

时间：45 分钟。

地点：教室

准备：查阅相关资料，学习十九大精神，学习讨论当代大学生如何确立理想信念。

流程：

①组长组织组内成员讨论阐述并整理相关看法。

②学生先依次发言，依次发言每人不超过 3 分钟，再集中学习讨论。

③组长总结发言，形成学习讨论结果。

④每组派代表陈述学习结果。

⑤教师点评

【实践结果】

发言记录、讨论结果。

【实践评价】

教师根据学习结果和学习讨论的记录给分，其中学习结果分数即每个人的得分，加上学习讨论记录的个人分，就是个人的最后得分。

评分表

项目	标准	满分	得分
发言	条理清晰、表述清楚	50	
学习结果	观点独到、内涵深刻	50	
总分	以上各项相加	100	

【参考资料】

新时代大学生应坚守什么样的理想信念

党的十八大以来，党中央高度重视理想信念问题，对坚定理想信念的科学内涵和时代意蕴以及在新时代条件下怎样坚定理想信念等问题进行了深刻阐述。青年大学生坚定理想信念，要经过树立、扎根、奋斗和实践的过程。特别是在新时代背景下，广大青年学子要自觉在学习和实践中坚定信仰。

坚定理想信念的科学内涵主要包含三个维度，即马克思主义、共产主义和中国特色社会主义。新时代大学生要信仰马克思主义，明确实现共产主义远大理想是历史大势，要确立对中国特色社会主义共同理想的执着追求，并在投身实现中国梦的伟大实践中实现自己的人生价值。

新时代大学生要确立马克思主义的科学信仰。新时代大学生坚定理想信念，首先要坚定信仰马克思主义。作为一种科学的理论体系，马克思主义立足于无产阶级和人类解放的立场，揭示了人类社会发展的一般规律和发展趋势，其真理性和生命力不但体现在科学体系、人民立场上，更体现在鲜明的实践品格和与时俱进的理论品质上，特别是在马克思主义中国化大众化时代化的过程中彰显出强大的生命力和远大的发展前途。当前，我们强调马克思主义的蓬勃生命力和时代有效性，就是为了宣示我们对马克思主义科学真理的坚定信念。新时代大学生要树立坚定而崇高的理想信念，一个必要的基础和前提就是确立对马克思主义普遍真理的理性认同和科学信仰，深刻把握作为立党立国根本指导思想的马克思主义的精神实质，在社会发展中把握规律、看清方向、坚定立场、明确目标，在服务人民和贡献社会中发挥力量。

新时代大学生要胸怀共产主义的远大理想。共产主义远大理想体现了人类对未来美好境界的最高追求，具有科学真理性和客观必然性。中国共产党从成立之日开始，就把实现共产主义写在自己的旗帜上，领导全国各族人民砥砺奋进。马克思主义经典作家指出，要实现共产主义，必须认识到社会主义是必经阶段。中国共产党作为马克思主义政党，在社会主义建设、改革和发展的接力探索过程中，一直把实现共产主义作为奋斗目标，把坚持和发展中国特色社会主义作为实现共产主义的必经阶段和必由之路。新时代大学生要深刻体认到，在新时代条件下努力坚持和发展中国特色社会主义，就是在证明科学社会主义的真理性和共产主义的科学性。

新时代大学生要践行中国特色社会主义共同理想。大学生作为时代新人，在新时代践行中国特色社会主义思想，就是要坚定"四个自信"，要对中国特色社会主义的道路、理论、制度和文化有着充分的自知、自觉和自信，需要认同中国共产党的领导，对建设社会主义现代化强国和实现中国梦充满信心。改革开放40年来，中国特色社会主义在开创、坚持和发展中不断取得辉煌成就，不断证明着科学社会主义的真理性和实现共产主义的必然性。新时代大学生认同和践行共同理想，要坚决维护中国共产党的领导，推进改革开放再出发，坚定对中国特色社会主义的自信，时刻保持积极进取的奋斗姿态，为实现中国特色社会主义共同理想贡献青春力量。

活动二：参观访问——爱国主义教育基地

【实践目标】

通过参观爱国主义教育基地，培养学生的爱国主义情感，了解历史，珍惜现在，面对未来。

【实践方案】

1. 时间：·天

2. 地点：就近的爱国主义实践基地

3. 分组：一个教学班，设组长一名，负责活动管理

4. 准备：阅读该爱国主义教育基地的相关史料，携带记录本、拍照设备

5. 流程：

步骤一：规划参观路线，明确参观目标。

步骤二：开始参观，并做记录。

步骤三：合影留念。

步骤四：参观结束后，开参观讨论会，交流心得

步骤五：每个人撰写一份观后感，提交

【实践评价】

教师根据观后感，为每个学生评定分数，雷同者，分数作废。

得分表

项目	标准	满分	得分
写作内容	紧扣要点、内容充实	50	
写作质量	文笔流畅、感情饱满	40	
辅助资料	图片、视频、音乐、资料	10	
总计	以上各项相加	100	

【参考资料】

发挥爱国主义教育基地作用营造青少年健康成长的社会环境

青少年是祖国的未来，是中国特色社会主义事业的接班人。爱国主义教育基地是青少年学习了解历史知识、学习革命传统的重要课堂，是增强爱国情感、培养民族精神的重要载体，是陶冶情操、提高道德修养的重要场所，是青少年思想道德建设的重要阵地，在加强和改进青少年思想道德建设中，具有不可替代的特殊作用。

青少年红色教育基地的设立，是加强青少年党史、国史教育和缅怀先烈的重要举措，不仅为广大青少年接受爱国主义教育、党史国史教育提供了重要的活动阵地，更重要的是，它已成为我市青少年教育事业发展的有益探索。

青少年爱国主义教育基地是一部无字的教科书，其育人功能隐含在直观的物质文化和良好的精神氛围之中，是增强青少年德育实效性的重要途径之一。如何发挥爱国主义教育基地的作用，营造青少年健康成长的社会环境，是我们应该思考的重要问题。

青少年思想道德教育应从青少年的认知特点出发，巧用载体，寓教于乐、寓教于境。思想道德教育具有很强的思想性，需要借助于一定的表现形式，特别是青少年思想道德教育，由于受教育者的抽象思维和深层理解能力还处在初级阶段，传统的灌输教育方式在他们身上难以收到良好的效果，相反，感性的、直观的、文艺的方式方法通常更容易被他们接受。

爱国主义是动员和鼓励青少年刻苦学习、奋发成才的一面旗帜。爱国主义教育是引导青少年树立理想、信念、人生观、价值观的基础。长征书院是都江堰市关工委、社会各界对青少年进行爱国主义教育的重要基地，是青少年学生的第二课堂。

这些年来，长征书院作为都江堰市青少年爱国主义教育基地，正是以青少年的思想心理特点和认识接受能力为基础，突出他们在思想道德教育中的主体地位，通过形象、生动、直观、可信、感染力强的实物展品和资料，使他们对中华民族灿烂悠久的历史文化、锦绣中华的壮美景色、革命英烈的丰功伟绩及改革开放和现代化建设的巨大成就，有了更加真切的认识和体会，从而成为青少年思想道德教育的重要阵地和极好课堂。

举措一：制作红色教育宣传横幅两条，长期悬挂在进出长征书院通道上，给社会各界特别是老师和家长以警醒。"红色教育从娃娃抓起""红色传统人人学，红色基因代代传"。

举措二：收集、购买红色连环画500余本，设立红色连环画展览专柜，供青少年儿童参观、阅览。红色连环画能够引导青少年爱党、敬党，自觉践行社会主义核心价值观，集成和弘扬党的优良传统和作风。红色教育连环画用生动的画笔讲述了近代革命英雄的故事，在当前思想意识形态纷杂的社会现状下，对于促进社会主义道德建设、弘扬主旋律、激发全民尤其是青少年的爱国热情起到了积极的作用。这些红色连环画内容涉及辛亥革命时期、红军长征时期、抗日战争时期、解放战争时期、抗美援朝时期、社会主义建设时期，其中包括雷锋、王杰、董存瑞、邱少云、黄继光、罗盛教、焦裕禄、王进喜、刘胡兰等300余个耳熟能详、脍炙人口的英雄故事，他们的英雄事迹必将激励全国人民，唤起学英雄、爱祖国，为建设社会主义现代化强国勇于进取、无私奉献的热潮。

举措三：收集、购买青少年红色教育故事书籍和红色年代少儿杂志1000余册，设立青少年红色故事书籍展架供青少年学生和家长阅读、浏览。

举措四：发挥老年红色志愿者如退休教师、退休工人、退休干部和退役军人余热，不定期在长征书院开展"讲红色传统、学少年英雄、做红色少年"活动。

举措五：举办适合青少年参观、学习的百年老教材专题展览、纪念红军北上抗日82周年、抗战胜利70周年和南京大屠杀80周年文献资料展览及全国红色书院图片展览。

举措六：走进中小学和社区院落，将红色教育内容宣讲到学校课堂和家长、群众身边。我们先后到学校、社区分别为孩子们和家长、群众做了《朱德元帅青少年时期的故事》《朱德元帅与四川》《长征路上的红小鬼》《少年英雄刘文学的故事》《抗日小英雄的故事》等，受到师生及社会各界欢迎。

举措七：完善长征书院设施，丰富红色展览内容，免费接待青少年儿童和陪伴的家长。都江堰市关心下一代工作委员会青少年爱国主义教育基地的牌匾挂上之后，长征书院积极为广大青少年提供爱国主义教育场所，并始终坚持开展形式多样的青少年爱国主义教育活动和优质文明服务。

正处于成长期和世界观定型期的青少年，对各种新鲜事物和正能量有很强的接受能力，而有针对性地向青少年进行讲解，可收到良好的教育效果。在对青少年进行教育时，我们的志愿者、讲解员根据青少年好奇心、求知欲强的特点，结合展出的各种实物，重点讲解各类英雄人物在改造世界观方面的做法、学习的各种书籍资料和学习的方式方法，使青少年既感到新奇也易于接受，会在他们的心灵中产生深远的影响。

总之，爱国主义教育基地对青少年的教育作用不容低估，而加强青少年思想道德教育和革命传统教育，不仅是时代的需要、社会的需要，也是爱国主义教育基地自身发展的需要。我们要进一步完善设施，营造氛围，丰富内容，扩大影响，把青少年爱国主义教育基地变为弘扬民族精神、培育爱国意识的大课堂，变为对青少年进行思想道德教育的新阵地。

第七章　新时代大学生的"智"

　　智育是教育者指导和促进学生掌握知识、形成技能、发展智能、培养创新精神和创造能力的教育活动，是全面发展教育的重要组成部分。学校教育应充分重视智育，但不能以智育替代全面发展的教育。在教育实践中，必须遵循学生掌握知识、形成技能和发展智力的特殊规律，科学地进行智育。

第一节　新时代大学生智育的意义

　　智育是教育者指导和促进学生掌握知识、形成技能和发展智能的教育活动，是全面发展教育的重要组成部分。

一、智育在社会文明进化中的作用

　　智育通过向年青一代传授知识技能，启迪他们的智慧，使他们获得认识客观世界、适应客观世界和改造客观世界的基本技能和能力，进而促进人类文明的进化和发展。综观人类历史，人类在认识和改造自然过程中，在生产物质财富过程中，也产生了大量的科学知识。将人类在实践中获得的知识成果，一代代地传递下去，并使每一代人在继承前人知识成果的基础上，进一步丰富和发展人类的精神财富，推动整个社会文明的不断进化，正是智育的使命。如果没有智育，就没有科学知识的再生产，人类曾经创造的一切物质财富和精神财富就不可能延续、发展，今天的人类社会也许仍停留在刀耕火种的原始阶段。当然，智育的作用在人类文明历史发展的进程中有一个逐渐显示的过程。在以小农经济和手工业生产方式为主的漫长历史阶段，大多数劳动者只要在劳动中通过父子或师徒个别传授，掌握一些与生产有关的简单经验与技术，便可适应简单的社会劳动需要，这里的智育基本上游离于正规学校之外。只是在人类社会进入到近代社会，资本主义机器大工业生产兴起之后，智育的重要价值才日益显现。因为大工业本身不仅要求劳动者掌握与操纵机器有关的科学知识和技术，而且也促进了科学知识技术的进步。于是，通过智育来传播科学知识、培养劳动者和科技人才，进一步促进科技发展成了社会文明发展的一个必要条件。20世纪以来，特别是第二次世界大战以后，人类文明进入到一个新技术革命的时代，各种传统的劳动密集型和资本密集型的生产方式正在或将要被以微电子、电子计算机、激光、光导纤维、新能源、新材料、生物工程、海洋工程、空间工程等新技术为基础的生产方式所取代。现代科学技术不仅被广泛应用于社会生产的各个方面，而且渗透到人类生活的各个领域。它们将会改变人类生产活动中体力劳动者与脑力劳动者的构成比例，增加体力劳动中的智力成分，改变人类的生存方式。这一系列的变化要求进一步加强了学校教育中的智育，迅速高效地传播科学文化知识，提高人的智力素质，培养各种熟练劳动者和科学技术人才，以满足日益发展的社会生产、科学技术和社会生活的需要。

二、智育在人的全面发展中的作用

如果说智育的社会意义在于推动人类文明的进步和发展，智育的个体意义则在于促进受教育者的全面发展。人的全面发展包括德、智、体、美、劳几方面和个性的其他方面的全面发展，其中智育将为人的全面发展奠定知识和智力的基础。人的发展和成长，离不开学习和掌握基本的科学知识和技能。在现代社会，很难设想一个缺乏科学知识技能的人，能在德、智、体、美、劳及个性的其他方面得到充分发展，能适应社会生活，能自觉地认识和改造世界。由于科学文化知识是人类在认识和改造客观世界中积累起来的经验和理论，掌握这种知识才能获取认识和改造客观世界的无穷力量。同时，科学文化知识也是人类智力活动的成果，凝聚着人类的智慧，学生在掌握科学文化知识技能的同时，也掌握了人类物化在知识技能中的智力。因此，我们可以把智育的实质看成是一种人类科学文化知识和人类智力的再生产过程，是把人类已经物化的知识和智力转化为受教育者个体活的知识和活的智力的过程。正是通过这一过程，学生掌握了解了知识，启迪了智慧，发展了智力，进而为德育、体育、美育、劳动技术教育和个性自由而充分的发展奠定了知识和智力的基础。

智育对德育起基础作用，不仅是因为在传授科学文化知识的同时，也把包含在科学文化知识中的科学世界观因素传授给学生，从而影响学生科学世界观的形成（如动植物的进化原理、物质不灭定律，都有助于学生形成辩证唯物主义世界观），而且因为在智育中得到发展的智力，特别是其中的分析、判断能力有助于提高学生在道德知识、道德行为等方面的分析、判断、评价能力，从而提高他们分辨是非、坚持真理的能力。同样，学生对美的感受、鉴赏需要有关美的知识，学生对美的创造更是离不开美的知识、表现美的技能技巧和创造能力。而对以增强和发展学生体质为主要目的的体育来说，智育把人体解剖学、生理学、生理卫生学、运动生理学等知识传授给学生，从而为学生的体育活动和卫生保健提供了科学依据，为科学地增强身体素质、形成健康体魄提供了知识和智力基础。此外，劳动技术教育也有赖于智育为其奠定科学的劳动生产技术知识、生产劳动技能技巧和智力基础。可以这样认为，德育、体育、美育和劳动技术教育的实施都不能离开智育。

"吾十有五而志于学，三十而立，四十而不惑"，是《论语·为政篇》中大家耳熟能详的一段话，15岁至40岁这段青年时期，是学习的黄金时期，孔子也正是在这段时间完成了他人生的学习积累，达到"不惑"的境界。这段话里的"三十而立"，孔子的原意是指，经过学习积累，三十岁已能够合乎礼法，独立、周全地做事了。现在，这个词通常泛指三十岁左右有所成就，已能在社会上立足。2020年五四青年节来临之际，各主流媒体联合推出宣传片《后浪》，该宣传片由国家一级演员何冰演讲，其中讲到"你们有幸遇见这样的时代，但时代更有幸遇到这样的你们"。新时代大学生应该具有怎样的担当？新时代高等学校的智育，服务于把年轻一代培养成为全面发展的建设者和接班人这一总目标，把年轻一代教育成懂得人类文明，适应现代社会对人的素质的各种要求，能够充分享受现代文明的幸福的人。

第二节　新时代大学生智育的内容

智育是培养与发展学生智能的教育。培养学生的智能是通过有目的、有计划、有组织地向学生传授知识和技能，使学生掌握系统的文化科学知识，发展学生的观察能力、想象能力、思维能力、分析能力和创造能力等，为形成科学的世界观奠定基础。智育是促进大学生全面发展的有机组成部分。智育随着社会的物质文明和精神文明的发展而发展，又给予社会文明的进化巨大的影响。没有智育，人类创造的物质财富和精神财富便得不到延续，人类自身的发展也必将停滞不前。

一、掌握知识

智育的第一个任务是向学生传授系统的科学文化知识。知识是客观事物属性和联系的反映，是人类对客观世界的现象、事实及其规律的认识。

向学生传授的系统科学文化基础知识，既要有感性的知识，又要有理性的知识。学校教育的特征决定了智育中传授知识以间接的书本知识为主，但我们不能忽视学生直接的知识、经验及实践活动，因为直接经验是接受间接经验的基础，间接经验要以直接经验为依托才能被学生更好地理解和掌握。当然，掌握的间接经验也会丰富和拓宽直接经验。传授知识过程中，应充分考虑和利用直接经验和间接经验的相互促进关系，以促进学生在较短时间内迅速有效地掌握大量的科学文化基础知识。

智育必须把现代自然科学、社会科学的基础知识系统地传授给学生，并注重知识内容的不断现代化，以适应高科技的社会生产和高节奏的社会生活的需要。

二、形成学生的技能

智育的另一个任务是形成学生的技能。技能是人通过练习获得的、能顺利完成某种任务的行动方式。技能因其表现形态不同，可以分成智力技能和操作技能两种。智力技能主要是指人们在头脑中，借助内部言语表示的事物映象，以极简约的形式进行智力活动的方式。如思考、默读、心算等。智力技能的差异表现在智力活动的广度、深度和速度上。操作技能主要是指由一系列外部机体动作构成的行动方式，如书写、绘画、唱歌、跳舞、演奏乐器、运用工具等。操作技能都离不开智力技能，有些操作技能要有相应智力技能的配合才能完成任务。事实上，学生的智力技能形成则可能是智力技能的外在表现，学生的智力技能形成过程和操作技能形成过程也是密切联系着的。智育应形成学生的基本技能，这种基本技能包括学生学习各门学科的最主要、最常用的技能，如阅读技能、书写和写作技能、运算技能、实验技能、运动技能等，也包括学生在社会生活中最必要、最常用的技能，如语言技能、社交技能等。

形成学生的技能，要以掌握一定的知识为基础，也需要一定量的练习，而形成技能的过程，不仅巩固和应用了知识，而且为进一步理解知识和获得新的知识创造了有利条件。

三、发展智能

从感觉到记忆到思维这一过程，称为"智慧"，智慧的结果就产生了行为和语言，将行为和语言的表达过程称为"能力"，两者合称"智能"，将感觉、识记、回忆、思维、语言、行为的整个过程称为智能过程，它是智力和能力的表现。它们分别又可以用"智商"和"能商"来描述其在个体中发挥智能的程度。"情商"可以调整智商和能商的正确发挥，或控制二者恰到好处地发挥它们的作用。

（一）语言智能

这种智能主要是指有效地运用口头语言及文字的能力，即指听说读写能力，表现为个人能够顺利而高效地利用语言描述事件、表达思想并与人交流的能力。这种智能在作家、演说家、记者、编辑、节目主持人、播音员、律师等职业上有更加突出的表现。

（二）逻辑数学智能

从事与数字有关工作的人特别需要这种有效运用数字和推理的智能。他们学习时靠推理来进行思考，喜欢提出问题并执行实验以寻求答案，寻找事物的规律及逻辑顺序，对科学的新发展有兴趣。即使他人的言谈及行为也成了他们寻找逻辑缺陷的好地方，对可被测量、归类、分析的事物比较容易接受。

（三）空间智能

空间智能强调人对色彩、线条、形状、形式、空间及它们之间关系的敏感性很高，感受、辨别、记忆、改变物体的空间关系并借此表达思想和情感的能力比较强，表现为对线条、形状、结构、色彩和空间关系的敏感，以及通过平面图形和立体造型将他们表现出来的能力。能准确地感觉视觉空间，并把所知觉到的表现出来。这类人在学习时是用意象及图像来思考的。

空间智能可以划分为形象的空间智能和抽象的空间智能两种能力。形象的空间智能是画家的特长。抽象的空间智能属几何学家特长。建筑学家形象和抽象的空间智能都擅长。

（四）肢体运作智能

善于运用整个身体来表达想法和感觉，以及运用双手灵巧地生产或改造事物的能力。这类人很难长时间坐着不动，喜欢动手建造东西，喜欢户外活动，与人谈话时常用手势或其他肢体语言。他们学习时是透过身体感觉来思考。这种智能主要是指人调节身体运动及用巧妙的双手改变物体的技能。表现为能够较好地控制自己的身体，对事件能够做出恰当的身体反应以及善于利用身体语言来表达自己的思想。运动员、舞蹈家、外科医生、手艺人都有这种智能优势。

（五）音乐智能

这种智能主要是指人敏感地感知音调、旋律、节奏和音色等能力，表现为个人对音乐节奏、音调、音色和旋律的敏感以及通过作曲、演奏和歌唱等表达音乐的能力。这种智能在作曲家、指挥家、歌唱家、乐师、乐器制作者、音乐评论家等人员那里都有出色的表现。

（六）人际智能

人际关系智能，是指能够有效地理解别人及其关系并与人交往的能力，包括四大要素：组织能力，包括群体动员与协调能力；协商能力，指仲裁与排解纷争能力；分析能力，指能够敏锐察知他人的情感动向与想法，易与他人建立密切关系的能力；人际联系，指对他人表现出关心，善解人意，适于团体合作的能力。

（七）内省智能

这种智能主要是指认识到自己的能力，正确把握自己的长处和短处，把握自己的情绪、意向、动机、欲望，对自己的生活有规划，能自尊、自律，会吸收他人的长处。会从各种回馈管道中了解自己的优劣，常静思以规划自己的人生目标，爱独处，以深入自我的方式来思考。喜欢独立工作，有自我选择的空间。这种智能在优秀的政治家、哲学家、心理学家、教师等人员那里都有出色的表现。

内省智能可以划分两个层次：事件层次和价值层次。事件层次的内省指向对于事件成败的总结。价值层次的内省将事件的成败和价值观联系起来自审。

（八）自然探索智能

能认识植物、动物和其他自然环境（如云和石头）的能力。自然智能强的人，在打猎、耕作、生物科学上的表现较为突出。

自然探索智能应当进一步归结为探索智能。包括对于社会的探索和对于自然的探索两个方面。

（九）生存智慧

智育的另一个需要强调的任务是发展学生的智力。智力是人们认识、适应和改变外界环境的心理能力，集中表现为反映客观事物深刻、正确、全面的程度和应用知识解决实际问题的速度和质量。它包括注意力、观察力、记忆力、想象力和思维力，其中思维力是智力的核心。在科学技术发展日新月异、人类知识总量激增的今天，要解决学生有限的学习时间与人类不断积聚的无限知识的这对矛盾，只有充分发展学生的智力这条路径。尽管智力水平受先天遗传因素的影响，但后天的教育、环境和实践对智力的开发和发展更具决定性影响。实施智育，应十分重视发展学生的智力。

发展智力与传授知识和形成技能密切相关。知识是人类认识和改造自然的成果，它凝聚丰富人类的智慧。掌握知识的过程是一种再认识活动的过程，是占有人类认识成果，同时也是掌握人类智慧结晶的过程，是刺激和锻炼智力的活动过程。可以说，发展智力是通过学生主体掌握知识的过程来实现的。如果发展智力离开了知识及掌握知识的过程，无异于缘木求鱼。但是，知识只是智力发展的必要条件，并非充分条件，知识的传授不必然伴随着智力的发展。死记硬背或填鸭式的知识教育，不仅不能促进智力的发展，反而会妨碍甚至扼杀智力的发展。我们强调的是通过启发式教学，促进学生开展积极有益的智力活动，来发展学生的智力。而学生智力的发展，对于学生掌握知识的全过程，无疑创造了十分有利的条件。如抽象思维能力的发展，不仅为学生学习抽象理论知识提供了可能性，而且为学生深刻地理解、掌握乃至灵活运用抽象理论知识提供了保证。反之，没有必要的智力准备，即便是学习很简单的知识也会困难重重。

智力也是在形成各种智力技能中发展起来的，如教师在教学中培养学生默读、构思、心算等智力技能时，能够促进智力的发展。智力是较智力技能更为综合、更具普遍意义的完成智力任务的能力。智力水平的提高，无疑有助于提高智力技能的活动质量和效率。即使被认为是依靠一系列机体外部协调动作完成任务的操作技能，它的形成、调节、控制同样也离不开智力，它同样也能促进智力的发展。"心灵手巧"即可形象说明两者的密切关系。

上述分析表明，知识的传授、技能的形成、智力的发展这三者呈现出一种相互渗透、相互制约、相互促进的立体交叉关系，构成了一个完整的整体。学校智育应该从整体上把握这三大任务，片面强调其中的某一项任务，不仅会妨碍其余两项任务的完成，而且也会影响完成该项任务的效率和效果。

智育内容的丰富性和体系的庞大体现了人类之所以能够不断改善，不断向更高阶段迈进，就在于人类能够不断超越自我，不断创新。我们要充分把握智育的综合作用，实现教育的重要使命，使高校培养的大学生能在掌握知识和经验的基础之上对自己的今天和未来负责，为自己的人生谱写华丽篇章。

第三节　新时代大学生智育的实践

智育作为一种有特定任务的教育活动，既有教育者又有受教育者的参与，活动本身内在的特征制约着智育活动的效率和效果。

一、掌握知识的过程

学生掌握知识，主要是掌握人类已获得的、物化为语言文字的书本知识，并把书本知识转化为个体头脑中活的知识。因而，学生对知识的掌握，绝不是通过把教科书上的文字条文背诵下来完成的，而必须以简约化的形式，在自己头脑中完成对书本文字所表述的客观世界的再认识。这一再认识过程受到人类一般认识规律的制约，但又有自身的特点。一般人类的认识活动总是指向人类尚未知晓的客观世界和事物，而学生的再认识活动主要指向对人类总体来说是已知的、对学生个体来说仍然是未知的客观世界。这一再认识过程，可以避免重复人类在最初认识客观世界时所走过的迂回曲折的道路，而可以径直地、简约地获取人类已获得的对客观世界的认识成果。当然，为了让学生体会和学习人类认识某些客观事物的思维历程，从中锻炼思维能力，我们不妨让学生自己去"发现"和认识这些客观事物，但这终究不是简单的重复，而是具有极强指向性的探究。

学生掌握知识的过程可分为感知、理解、巩固、应用四个环节。搞清楚这些环节的内在特征以及这些环节之间的必然联系和依存条件等，将有助于认识学生掌握知识的规律，提高学生掌握知识的效率和效果。

（一）感知

人的任何认识活动都始于感知，学生掌握书本知识的再认识活动同样也不例外。感知，就是让学生用自己的感觉器官直观地认识客观对象的外部特征和属性，在思维、想象、记忆等成分的参与下，在大脑中形成该客观对象的鲜明表象。只有圆满地完成认识活动的这一环节，客观的认识对象才开始深入人的意识。通过感知得到的知识越丰富，表象越清晰，学生理解书本知识就越容易。如果学生的认识活动不经过这一环节，或这一环节的认识任务没得到很好完成，下一环节的认识任务的完成就会受到影响，进而影响到整个再认识活动的进行。

学生在感知教材的环节中，要圆满地完成认识任务，在头脑中留下鲜明的表象，就应具备这样一些条件：首先，必要的语言指导。正确的语言指导能唤起学生的注意，提高感知的目的性和针对性，能影响学生感知程序的组织，强化被感知对象那些重要的但易被忽视的特征，也能调动学生记忆力、想象力和思维力的参与，从而使学生形成鲜明的表象；其次，多种感觉器官共同参与感知，在大脑中形成广泛的神经联系，从多种感觉角度来形成立体的表象，如从听觉的声音、视觉的形象、触摸的感觉为感知对象，可以形成对象的立体表象；再次，感知有典型性的对象，同时也感知典型性的各种变式，有助于学生形成正确的表象。

（二）理解

理解是在感知的基础上，利用已有的知识，通过对感性知识进行比较、分析、综合抽象、概括等思维活动，获得对认识对象的理性认识。理解是对认识对象本质和规律的认识，是学生掌握知识的核心环节。正如毛泽东同志所指出的："感觉到了的东西，我们不能立刻理解它，只有理解了的东西才更深刻地感觉它。感觉只解决现象问题，理论才解决本质问题。"

学生对书本理化知识的正确理解，依赖于下列条件：首先，要为抽象概括提供丰富的感性认识材料。一般来说，感性材料越丰富，越容易在学生头脑中形成鲜明、正确的表象。而学生头脑中关于认识对象的表象越鲜明正确，通过抽象概括获取认识对象的理性认识也就越容易。其次，要清楚区分认识对象的非本质特性和本质特征。区分得越清楚，认识得越全面，理解得越深刻。再次，要将新的理性认识与已有的知识结构联系起来。学生对知识的理解需要进行一系列的分析、比较、综合、概括等思维活动，需要充分利用已掌握的概念、判断、原则、理论。抛开了思维加工过程，抛开了旧有的知识结构，学生对知识的掌握只能是一种虚假的形式，只能是死记硬背概念、定理、理论的文字外壳，而很难真正地理解认识对象的本质。学生越积极开展思维活动，越充分利用已有知识结构中的知识生长点，对新认识对象的理解也就越顺利、越正确，并且能把新的理性认识科学合理地融入自身的知识结构中去。

（三）巩固

知识的巩固是指围绕对获得知识的持久记忆所进行的认识活动。巩固知识是学生掌握知识的必要一环。首先是因为学生当前所学的知识是日后学习的基础，所学知识巩固了，才有利于进一步学习；其次是因为学习知识的目的在于应用知识，而只有巩固了的知识，才能在必要时正确地再现出来，才能保证知识的应用自如；再次是学生在短时间内学习大量的间接知识，而只有巩固了的知识，才能在必要时正确地再现出来，才能保证知识的应用自如；再次是学生在短时间内学习大量的间接知识，其印象远不如亲自获得的直接经验深刻，相对来说较易遗忘。因此，传授知识的过程应充分重视知识的巩固。

影响知识巩固的因素有：首先，学生的认知状态。如果学生的认知系统处于一种积极活跃的准备状态，有较强的认知兴趣和信心，并且能充分利用视觉、听觉、动觉、想象力、思维力等对认知对象进行全方位的记忆，识记和保持的效果就比较好。反之，知识的记忆会变得非常困难；其次，学生对知识的理解程度。深刻理解教材，是良好记忆的基本条件，对认知对象理解的程度越深，对其识记的效果也就越佳。如果能及时地把新知识融入已有的知识结构，就更有利于知识的保持；再次，复习知识的方法。复习不是简单的重复，而应讲究科学的复习策略和方法。如利用心理学所揭示的人的遗忘规律，在分配复习的次数上，先密后疏；在识记时做到识记与重现相结合，整体识记与部分识记相结合，集中识记与分散识记相结合等；也可以在学习新知识时，重温和利用已有的知识，达到复习和巩固旧知识的目的。此外，还可以在知识的应用中，强化知识的巩固。

（四）应用

应用知识于实际，可以形成技能、技巧，加深对所学知识的理解和记忆，并获得比较完全的知识。教学中的应用知识，一种是通过练习、实验、实习作业进行的，这是主要的；另一种是应用知识于社会实践，如参加工农业生产等。在应用知识于实际时，要注意培养分析问题和解决问题的能力。学生在应用知识的最初阶段，主要是培养运用知识的准确性，培养技能。在熟练阶段，主要是培养学生应用知识的速度和效率，使其形成熟练技巧。

影响学生正确应用知识的主要因素有：首先，学生对知识的理解程度。学生对知识的理解是否全面、正确，直接影响到能否应用该知识去解决书本上或实际中的问题。其次，学生对问题的条件和任务的认识。应用知识的认识活动是围绕解决问题而展开的，如果对问题的条件和任务认识不清或发生偏差，知识的正确应用就会受到妨碍；再次，学生是否具有应用知识所必需的技能、技巧和相应的智力水平。在某些情况下，学生理解了知识，也认清了面临问题的条件和要求，但却因为缺乏相应的操作技能技巧，而使知识的应用陷于困境。如果学生的知识水平没有得到很好发展，缺乏必要的灵活性和创造性，解决问题时只是死抠法则、定理、公式，或硬套一些解题方法，其结果也同样会导致知识应用的失败。

我们把学生掌握知识的过程，划分为感知、理解、巩固、应用四个基本环节，是就每一环节的主要任务而言的。事实上，这四个环节是相互联系、相互渗透的。对知识感知的本身就包含有理解的成分，而理解意味着在充分感知认识对象的基础上达到一种感性认识和理性认识的统一。感知、理解是巩固的前提，而在感知、理解的过程中，人的大脑同时也进行着对认识对象的识记和保持。掌握知识固然要以知识的感知、理解和巩固为必要条件，但应用知识本身对丰富感知、深入理解、强化巩固起着积极的促进作用。因此，我们应从整体上辩证地理解这四个基本环节，不宜作机械的、死板的理解和套用，以免把生动活泼的掌握知识过程变成僵死的模式。

二、形成技能的过程

（一）智力技能的形成

智力技能的形成，离不开智力活动，也离不开以语言代表的、反映客观现实的观念。一般而言，人在进行智力活动时，往往会利用观念的语言（"替代物"）在自己的头脑中进行合乎思维规则的整合与匹配，以完成对问题的思考和认识。通过类似的多次反复，将会形成能顺利进行智力活动的智力技能。

(二) 操作技能的形成

操作技能是通过一系列的练习形成起来的，它或者表现为操纵一定的器具去完成任务的行动方式，如实验操作技能；或者表现为仅仅是自身一系列骨骼肌活动去完成任务的行动方式，如一些运动技能。操作技能的形成有着共同的过程和特点，其形成过程基本上可以归结为动作映象的建立、动作的初步掌握和动作的协调与完善三个阶段。

第一，动作映象的建立。该阶段是指学生在自己的头脑中，对操作动作的原则等知识有明确的意识，形成了有关该动作的操作程序、方向、幅度、力量等特征的清晰表象。动作映象的建立对学生操作技能的形成起着定向作用，使学生一开始就明白"做什么""怎么做"和"做成什么样子"等。一般来说，影响建立动作映象质量的因素有：一是提供给学生模仿的示范动作本身的正确性与速度。因为示范动作是学生借以形成动作映象的主要来源。正确的示范动作，加上必要的动作分析和讲解，以及能使学生清晰地观察到示范动作结构和特点的示范速度，才能在学生的头脑中建立起正确的动作映象。二是学生自己的观察技能。如果学生注意力分散，观察顺序混乱，不明确观察的要点，即使是最准确的示范动作也难以在学生头脑中留下明确清晰的动作映象。这就要求教师对学生的观察目的、观察要点和观察程序做出必要的指导。三是学生是否掌握相应的动作原则。学生不仅要了解动作的程序、方向、幅度、力量等形式特征，同时也应掌握有关动作的原则、原理等一般性操作知识。掌握相应的动作原理，可以避免盲目性和被动性，有助于快速高质地形成清晰的动作映象。

第二，动作的初步掌握。该阶段是把建立在大脑中的动作映象，通过肢体的动作逐步地表现出来。从动作映象开始，到动作的初步掌握，需要通过反复练习的过程。开始是通过练习掌握局部动作，然后是通过练习把局部动作联结为整体动作，基本上达到对动作的初步掌握。要提高这一阶段的质量，依赖于两个条件：一是科学合理地安排练习。一般是先练习局部的分解动作，后练习整体的连续动作；先模仿练习，后独立练习。二是在练习中，不断加强对动作的体验，用自己动作的映象来调节自己的动作。刚开始练习时，总是以别人示范动作的映象来调节自己的动作，只有在练习中使练习者在意识中不断体验到自己的活动状态，才能使练习者用自己动作的映象来调节自己的动作。

第三，动作的协调和完善阶段。该阶段是在初步掌握动作的基础上，把正确的动作映象完整地通过自己的动作再现出来。这一阶段表现出的特征是：动作主体的紧张感已基本消失，多余的动作已不多见。这一阶段完成，主要依赖于两个条件：一是提高练习的要求。对学生的动作练习的要求不应总是停留在初步掌握动作水平上的机械重复，而应及时提出面向动作协调和完善的动作要求。二是加强对动作的动觉控制。对动作的动觉控制意味着依靠动觉的神经系统来调节动作，而不再需要利用他人或自己的动觉的神经系统来调节动作。因此，要让练习者在动作中不断加强对动觉的体验，逐渐利用自己的肌肉、关节的运动感觉作为信号来控制自己的动作，逐步消除意识紧张感和控制感，从而使操作动作达到协调、完善和自动化的程度。当操作动作进入到了协调和完善阶段，也就标志着操作技能的正式形成。

我们可以用运动技能中的游泳技能的形成来说明操作技能的形成过程。在学习游泳之始，教师应告诉学生有关游泳技能的基本知识原理，并且作游泳动作示范。最后，通过在水中不断反复的练习，使游泳时的颈、臂、腿和躯干各部分的活动逐步地协调一致，使学生最终形成无须意识控制的游泳技能。其他各种操作技能的形成，同样也要经历建立动作映象、初步掌握动作和达到协调与完善这三个阶段，教师应充分利用这一特点，科学地促进学生各种基本技能的形成。

三、发展智力的过程

发展智力的过程，涉及智力本身的构成要素、知识的传授和技能的掌握，也涉及学生原有的智力水平等方面。

（一）把人类的共同智力转化为个体智力的过程

发展学生的智力，只有以掌握知识和形式技能为中介，并通过学生积极的智力活动，才能不断地形成更高层次的智力发展水平。知识是人类在认识世界、改造世界过程中积累的经验，是对客观世界的现象、事实及其规律的认识，其中也蕴含着人类共同智力。但是，因为知识技能本身不是智力的一个构成要素，知识的增加也并不必然意味着智力的发展，因而要让学生在掌握知识技能的同时，也能把人类的共同智力转化为个体智力，还必须注意知识的传授方式、知识的系统结构以及知识的应用等一系列问题。

因此，在智育过程中发展学生的智力，主要是指导学生通过学习和运用人类对客观世界的认识成果及其蕴含的智慧，不断开展智力活动，形成新的智力水平，以促进智力的不断发展。

（二）促进学生认知能力发展的过程

从智力是以思维能力为核心的认知能力总和这一角度说，发展学生的智力，就要促进和发展学生的认知能力。传统观点认为，认知能力包括注意力、观察力、记忆力、想象力和思维。应该采取不同的方法和手段去促进这些认知能力的发展。

注意力是使人的心理活动指向并集中于认识对象的能力。注意力所表现出来的选择功能、保持功能和调节功能影响智力活动的方向性、持久性、灵活性和自觉性。可以说，良好的注意力能提高观察、记忆、想象和思维的效率。善于集中注意力的人，就如同打开了智慧的窗户。观察力是人有目的、有计划地知觉和审度认识对象的能力。良好的观察力表现在观察的目的性、条理性、理解性、敏锐性和精确性上。达尔文曾经说过："我没有突出的理解力，也没有过人的机智。只是在觉察那些稍纵即逝的事物并对其进行精细观察的能力上，我可能在众人之上。"可见良好的观察力之重要。记忆力是人储存和提取信息的能力。良好的记忆力是学生掌握科学知识的必要条件，也是开展智力活动的必要条件，只有对学过的科学概念、原理保持记忆，才能展开富有成效的智力活动。想象力是人将大脑中已有的客观事物的形象重新组合形成新形象的能力。丰富的想象力有利于学生理解抽象知识，也有助于开阔思路。特别是创造性想象力，它可以突破时空的限制，对创造性的智力活动具有十分重要的意义。想象力的贫乏，将导致思维的狭窄和肤浅，更谈不上开展富有创造力的智力活动。思维力是人概括地、间接地认识事物的能力，是智力的核心，它的性质和水平直接影响着智力的性质和水平。思维力的优秀品质主要表现在思维的深刻性、灵活性、独创性、批判性和敏捷性五个方面。在智育过程中，广泛开展比较、分析、综合、抽象、概括、判断、推理等思维活动，训练学生的思维能力，应该成为发展学生智力的中心任务。

上述每一种认识能力都是智力的构成要素，但每一种认识能力都不能单独代表智力水平，只有它们围绕思维力所形成的整合水平或综合结构，才能全面反映一个人的智力水平。这一方面是因为个别认识能力仅反映了智力的一个侧面。比如，记忆力只反映了个体储存和提取信息的能力，它的强弱并不标志着智力水平的高低，片面强调过目不忘的记忆力有时反而会妨碍思维活动简洁有效地展开。另一方面是因为这些认知能力实际上是互相联系的。注意和观察是开启智力的"门户"，记忆可能会是机械的死记硬背，想象则可能是一种空洞的幻想。当然，思维力也离不开注意和观察为其提供的感性材料，记忆为其准备的概念、原理构成的知识体系，以及想象为其提供的广阔的空间。因此，我们应从整体上理解智力的构成要素，既要分别强调发展学生的注意力、观察力、记忆力、想象力和思维力，同时又要注重促进以思维力为核心的各种智力要素的综合全面发展。

（三）促进智力发展内部矛盾运动的过程

辩证唯物主义认为，外因是事物发展的条件，内因是事物发展的根据，内因决定事物的性质，决定事物发展的方向，是推动事物发展的根本动力。按照这一观点，教师通过种种手段传授知识、形成学生技能、发展学生各种认识能力的努力，是发展学生智力不可缺少的条件，但其终究只是一种条件，一种外因，而非智力发展的内部矛盾运动，并且，各种教育的外部条件唯有激发学生内部的心智矛盾，才有可能起到促进学生智力发展的作用。

在智育过程中，应强调在学生已有智力发展水平上，不断地向学生提出适当的要求，并使之变成新的需要，构成新的需要与原有智力水平之间不断的内部矛盾运动，促进学生智力不断地向前发展。

青年人当学以立志。所谓立志，就是要志存高远，承担起历史使命和时代责任。志不立，天下无可成之事。北宋圣贤张载立志"为天地立心，为生民立命，为往圣继绝学，为万世开太平"；周恩来立志"为中华之崛起而读书"……作为处在中华民族发展最好时期的新时代青年，既面临着难得的建功立业的人生际遇，也面临着"天将降大任于斯人"的时代使命，这个使命就是要为实现中华民族伟大复兴的中国梦而奋斗。

担负起这个使命，就要立理想之志，树立起对马克思主义的信仰、对中国特色社会主义的信念、对中华民族伟大复兴中国梦的信心；要立爱国之志，忠于祖国、忠于人民，把个人的理想同祖国的前途、把自己的人生同民族的命运紧密联系在一起。

学以立志，实际上就是指要通过学习，来时刻坚定、加强这份理想之志。学好国史，才能开阔胸怀、拓宽视野，培养起民族自豪感和文化自信；学好党史，才能体悟中华民族近现代以来一路的苦难与辉煌，深刻领会我们党一路走来为了谁、依靠谁的初心使命；学好马克思主义基本理论及马克思主义中国化的理论成果，才能坚定理想信念，坚定"四个自信"。

青年人当学以立业。所谓立业，就是要脚踏实地，练就过硬本领，砥砺担当作为。使命需要担当，担当需要本领。早在延安时期，毛泽东同志就提出："我们队伍里边有一种恐慌，不是经济恐慌，也不是政治恐慌，而是本领恐慌。"当今世界正处在百年未有之大变局，面对时代的发展与挑战，只有不断学习才能让我们无论身处任何环境、面临任何状况，都有能力、有信心去应对。

学以立业，首先是要以学习强本领。非学无以广才，青年人应当把学习作为提高能力、增强本领、胜任工作的重要途径和根本方法。通过政治理论的学习，可以明确目标，知道要干什么；通过业务理论的学习，可以弥补知识短板，知道该怎么干；通过方法和实践的学习，可以反思总结，知道如何干好。在党的十九大报告中，更是把增强学习本领列在了八大本领之首，可见学习对于事业发展的重要性。

学以立业，最终还是要以学习促事业。知识决定命运，虽说学有所成不必然代表事有所成，但学识和实践经验积累的厚度，一定决定了事业发展的高度和想象空间。学无止境，时刻保持着对新知识、新观念的渴求，是我们事业发展的不竭动力。学以致用，以知促行，以行求知，努力做到知行合一，当是学以立业的绝佳方式。

青年人当学以立品。所谓学以立品，就是通过学习，锤炼品德修为，提升精神境界。"品"者，品德、品行、品位也，我们通常讲的一个人有没有"品"，就包括他的道德修养如何，行为举止是否得体，是否有审美情趣等，而这些能力都是需要通过学习获得的。

君子通理明德，格物致知方能诚心正意。德者，明是非，知荣辱也。不辨是非，不知荣辱为何，自然无法规范自己的德行。人性中的善念，需要正面的价值观去点燃。所以 个国家、一个民族的德性观念，在以文化的形式不断地流传。所以，我们强调要树立和践行社会主义核心价值观。

知书达礼，腹有诗书气自华。通过学习，可以让我们更加有教养、懂礼仪、知进退，让我们有更强的欣赏和展示"美"的能力。学习是丰富自我、提升自我，提高自身生活品质的重要手段，更是修身立德的重要途径。学习可以帮助我们对抗苦难、锤炼品行、走出困境。疫情之下，武汉方舱医院中专注、淡定的"读书哥"和在"临时自习室"争分夺秒备战高考的高三女生在病痛中却仍怀揣着对知识的渴望、对未来的希望，他们所传递出的正能量，无疑是学习塑造出的独特品格。

那么，青年人又当何以学呢？最重要的是要培养终身学习的习惯。

"知之者不如好之者，好之者不如乐之者"，兴趣是最好的老师，如果能把学习当作一种追求、一种爱好、一种健康的生活方式，使学习成为一种乐趣、一种习惯和一种自觉，就能够让学习变得生动而有趣，在学习中找到人生的真谛、事业的方向和生命的价值。

终身学习，关键是态度的转变，如果能把"要我学"转变为"我要学"，就会自觉地把学习融入到生活中、工作中，乐学好学。常言道：活到老、学到老，"少而好学，如日出之阳；壮而好学，如日中之光；老而好学，如秉烛之明"，而一个人在青年时期所培养出的学习精神和学习方法，以及通过学习所养成的思维能力，可以伴随其一生，并对之后的每个阶段都发挥作用，有着深远影响。

梦想从学习开始，事业靠本领成就。2020 年是全面建成小康社会的决胜之年，是脱贫攻坚的收官之年。时代呼唤使命，责任呼唤担当。青年人当学以立志、立业、立品，努力担负起时代赋予的使命与责任，走好关键一步，去追求更有高度、更有境界、更有意义的人生。

青年正处于学习的黄金时期。"非学无以广才，非志无以成学""人才有高下，知物由学""学如弓弩，才如箭镞"。首先要勤学，下得苦功夫，求得真学问。"功崇惟志，业广惟勤。" 如果说理想信念决定着人生方向和生命宽度，那么勤学则决定了事业成败和生命长度。没有理想信念，会导致精神"缺钙"；没有勤学敏思，同样会得"空心病"。

凿壁偷光的故事大家都耳熟能详。说的是西汉时有一个大学问家名叫匡衡。他小时候就非常喜欢读书，可是家里很穷，买不起蜡烛，一到晚上就没有办法看书，他常为此事发愁。这天晚上，匡衡无意中发现自家的墙壁似乎有一些亮光，他起床一看，原来是墙壁裂了缝，邻居家的烛光从裂缝处透了过来。匡衡看后，立刻想出了一个办法。他找来一把凿子，将墙壁裂缝处凿出一个小孔。立刻，一道烛光射了过来，匡衡就着这道烛光，认真地看起书来。以后的每天晚上，匡衡都要靠着墙壁，借着邻居的烛光读书。由于他从小勤奋好学，后来匡衡成了一名知识渊博的经学家。

古有匡衡凿壁偷光，今有全国最年轻的象棋国家大师严子熙的"魔鬼训练"。2017年，12岁奉化小姑娘严子熙所在的队在全国象棋团体锦标赛上取得了团体第五名的成绩，根据全国团体赛规程，前六名队伍的选手可申请国家大师称号，由此严子熙跻身大师行列。

楚河汉界，荷角初露。奉化居敬小学是棋类特色学校，严子熙在那里接触到象棋。因为孩子表现出了一定的天赋，严子熙的父母就支持她学棋。从小学里的老师到少年宫的教练，再到后来进入宁波的象棋男子国家大师邱东门下，也结识了当地不少象棋大师，更高水平的学习让严子熙的象棋水平稳步提高，成绩也越来越好。

"魔鬼训练"，备战全国团体赛。严子熙学习成绩不错，2016年她升入宁波外国语学校，不过为了冲击象棋大师的目标，决定休学一年"闭关修炼"。这次出征全国团体赛前，更是连续三个月进行了"魔鬼训练"。训练期间，宁波市的三位象棋国家大师邱东、谢丹枫和王铿以及业余象棋顶尖高手虞伟龙、王志安，轮番给严子熙指导、陪练。惜时如金、孜孜不倦，克服浮躁之气，静下来研究棋盘对阵，正确对待一时地的成败得失，处优而不养尊，受挫而不短志，这是严子熙最好的写照。名师的指导、严格的训练和勤学的品质成就了严子熙的国家大师梦。

吃得苦中苦，方为人上人。重回学校，严子熙在学校里文化课成绩也非常优秀。既是"棋霸"，又是"学霸"。严子熙除了天赋之外，刻苦是她给人感触最深的。每天都要进行十几个小时的训练，如此长时间高强度的准备，不是每一个十几岁的孩子都可以承受的。而严子熙除了钻研象棋，还有不少课余爱好，她通过了钢琴六级、芭蕾舞三级考试，学过笛子、画画、书法，练过瑜伽，还是校文学社的成员，勤学的优良品质让严子熙受益一生。

"学如弓弩，才如箭镞"。学习是成长进步的阶梯。在勤学方面，匡衡和严子熙给大家做了很好的榜样。青年是人生的黄金时期，这一时期学识基础厚实不厚实，影响甚至决定自己的一生。广大青年要如饥似渴、孜孜不倦学习，既多读有字之书，也多读无字之书，注重学习人生经验和社会知识。"学而不思则罔，思而不学则殆。"广大青年要充分发挥创造精神，勇于开拓实践，勇于探索真理，养成历史思维、辩证思维、系统思维、创新思维的习惯，一定会终身受用。

在知识更新日趋加速的今天，要想跟上时代发展的步伐，就必须不断学习。不学习就要落伍，不学习就会被时代淘汰。青年人"应该把学习作为首要任务，作为一种责任、一种精神追求、一种生活方式，树立梦想从学习开始、事业靠本领成就的观念，让勤奋学习成为青春远航的动力，让增长本领成为青春搏击的能量"。每一代青年都有自己的际遇和机缘，都要在自己所处的时代条件下谋划人生、创造历史。当今中国最鲜明的时代主题，就是实现"两个一百年"奋斗目标、实现中华民族伟大复兴的中国梦。勤于学习、勇于担当、敢于拼搏、乐于奉献的中国青年，必能书写精彩人生，勇担历史责任，在激情奋斗中绽放青春光芒。

实践方案

活动一："优秀校友勤学苦练"分享会

【实践目标】

通过分享优秀学生勤学苦练的案例，使同学们深刻理解勤学苦练的重要意义。

【实践方案】

分组：10 人一组，设组长一名，记录员一名

时间：45 分钟

地点：教室

准备：邀请具有勤学苦练代表性的三名校友分享自己的案例，学习讨论如何做到勤学苦练以及青年学生勤学苦练的重要意义。

流程：

①校友分享自己勤学苦练案例。

②组长组织组内成员讨论阐述并整理相关看法。

③组长总结发言，形成学习讨论结果。

④每组派代表陈述学习结果。

⑤教师点评。

【实践结果】

发言记录、讨论结果。

【实践评价】

教师根据学习结果和学习讨论的记录给分，其中学习结果分数即每个人的得分，加上学习讨论记录的个人分，就是个人的最后得分。

评分表

项目	标准	满分	得分
发言	条理清晰、表述清楚	50	
学习结果	观点独到、内涵深刻	50	
总分	以上各项相加	100	

【参考资料】

勤学苦练坚持创新恪尽职守牢记使命

牛保栓，1985年出生，汉族，中共党员，本科学历，现在河南省社旗县公安局赊店派出所工作。

牛保栓同志自从调入赊店派出所工作以来，恪尽职守、勤奋工作、兢兢业业，发扬特别能吃苦、特别能战斗、特别能拼搏的优良作风。顾全大局，不计个人得失，始终以顽强拼搏、锐意进取、无私奉献的工作热情全身心投入到工作中，为警徽增添了光彩，为身边的同志做出了表率。

勤奋好学，潜心钻研，用进取精神锻造过硬本领

2019年3月份，牛保栓从刑警大队调入赊店派出所工作。面对新的岗位、新的任务，他始终把执法为民作为公安工作的出发点、着力点和归宿点。赊店派出所警情多且任务较重，几乎每天都有很多琐事、纠纷、求助等需要排查化解，有着基层经验的牛保栓积极地跟着老民警学习法律法规，不断提高接处警能力。特别是学习使用频繁的《中华人民共和国治安管理处罚法》《中华人民共和国刑法》《公安机关办理刑事案件程序规定》《公安机关办理行政案件程序规定》等常用法律，在办理行政案件时，处罚幅度与违法行为情节相当，不偏不倚，公正执法。在工作中结合现有案件，不断学习，提高自己的法律素养和为民服务意识，认认真真地办好每一起案件。

对每天的工作和接处警情况、处理情况牛保栓都会详细地记录在"一本清"工作笔记中，办理案件及时调查取证，第一时间掌握关键证据信息。自 2019 年 3 月份以来，牛保栓办理了陈某某、张某某等人的团伙盗窃案，金某某、杨某某寻衅滋事案，卢某某使用虚假身份证等案件。今年以来，他办理行政案件 300 余起，行政拘留 50 余人。每一起案件的办理确保公正、公平。让群众满意，这是他最大的心愿。

责任重大，使命光荣，做好派出所工作

在全国两会、春节、国庆等重要节假日重要活动安保期间，主动收集掌握社会动态，密切关注可能影响政治和治安稳定的苗头和动向，提出前瞻性的对策和建议，全面掌握社会治安形势、科学部署工作，为提供客观、准确的决策依据做出了较大贡献。他平时在接处警时，规范执法用语，热情执法，经济纠纷、邻里纠纷及时调解。在出警中，他认真细心地收集发现可疑线索，对线索进行分析研判，实施精准打击，最大限度保护人民财产安全。

作为一名人民警察，他始终坚信："不是最优秀的，但愿做最努力的；不是最智慧的，但愿做最勤奋的。"牛保栓在工作中一直兢兢业业地坚守在自己的工作岗位，全心全意为人民服务。在处警中面对情绪激动的双方当事人，他都会耐心听取双方诉求，并耐心地对双方当事人进行劝解，将矛盾妥善处置。对于案件的办理，及时查证，依法办案，不徇私情，严厉打击，保障每一位受害人的合法权益。

"不忘初心，牢记使命"，牛保栓怀着自己从警时的那颗初心，全身心地投入到公安工作。成功的标准就是在平凡的岗位上创造更多价值，在接

下来的工作中，他会更加努力工作，严格要求自己，做一名合格的人民警察，为公安事业贡献自己的青春和汗水。

活动二：大学生职业生涯规划比赛

【实践目标】

通过组织职业生涯规划比赛，提高大学生人生规划意识，锻炼学生规划、实践能力。

【实践方案】

1. 活动时间：比赛时间为半天时间，撰写职业生涯规划书可为课余时间。

2. 活动地点：教室。

3. 活动方式：比赛。

4. 活动流程：

（1）同学们利用课余时间撰写职业生涯规划书。规划书分两个类别：一是以选择具体职业就业为目标的职业规划类，二是以创业为职业目标的创业规划类。

（2）课堂比赛环节分为：主题陈述、职业角色模拟、现场答辩三部分组成，每位同学比赛时间 10 分钟。主题陈述可配合使用多媒体课件，职业角色必须现场模拟，要体现对目标职业的深刻理解，展示职业精神内涵。

（3）邀请评委对同学们的表现进行点评，并评选出最佳职业生涯规划书。

【实践评价】

根据同学们在比赛中的表现，评定实践分数。

_____

_____

_____

_____

【参考资料】

大学生怎么做好职业生涯规划

职业规划就是对职业生涯乃至人生进行持续的系统的计划的过程。而大学生职业生涯规划则是指学生在大学期间进行系统的职业生涯规划的过程。

职业生涯规划会直接影响到大学生在学校及工作中的生活质量及求职效果，例如自身能力的发展、校园招聘的表现、求职意向的决策等等。因此，大学生对于职业生涯进行规划，是十分必要的。

职业生涯规划应该根据自身的兴趣、特点，给自己一个合理的定位，并且决定出一个最能充分实现自己价值的位置，从而选择最适合自己的职业或事业。

现今的大学生，由于对职业生涯规划缺失或不当，因而在求职上呈现出以下几种明显的倾向：

一、对于职业能力的自我评价，多数大学生存在高估或低估自己能力的倾向；

二、在职业信息的关注上，大学生过多关注职业是否符合自身需要，但却容易忽略职业要求与自身素质的匹配程度；

三、在求职的准备上，大多数学生处于被动状态。

鉴于以上的情况，建议大学生为自己做一个良好的职业生涯规划，并遵循规划的目标和步骤进行实施，确保日后的职业生涯能获得更好的发展。具体的职业生涯规划的制定步骤，可以参考以下几点：

一、自我评价

制定规划的第一步，就是要对自己有个整体全面的了解。因此，要从客观的角度，分析自己，了解自己，对自己做一个合理客观的自我评价。可以从兴趣、特长、性格、学识、技能、智商、情商、思维方式等方面入手，对自己做一个综合测评。并想清楚，这样的自己想做什么、能做什么、应该做什么这三个问题。

二、确立目标

职业生涯规划最关键的一步，就是目标的确立。目标可以分为短期目标、中期目标、长期目标和人生目标四种类型。短期目标可以参考目前的情况进行制定，具体而详细，并实际可行。而中期目标和长期目标则是靠一个个短期目标连接而成的，因此在立足当下的情况下，更需要有适宜的发展空间。而人生目标更为长远和抽象，并且往往更具有可变性，在确立的时候，更需要慎重。

三、环境评价

除了充分认识自身情况外，还需要了解外在环境的信息。外在的环境对于职业生涯规划是具有一定影响的，根据环境的发展变化，职业生涯的发展可能也随之而变。因此，要充分了解外在环境的整体态势，根据其可能的发展趋势，对职业生涯规划进行调整，对环境的优势和劣势也一并进行考虑。

四、职业定位

最后一步，也就是对于职业的定位。而定位职业，最关键的点就在于最大化自身与职业的匹配程度，使自己的才能、兴趣、性格等能在所选的职业中发挥最佳效果。良好的职业定位能够使大学生在求职过程中更加具有针对性，并且也更加能为求职成功几率，让大学生自身能力能够在合适的职业中得到最大限度的发挥和发展。

第八章 新时代大学生的"体"

随着社会的快速发展，人们越来越重视自身的健康，因此体育锻炼也越来越受到人们的重视。之前人们只是简单地认为体育锻炼对身体健康有着重要的影响，但是慢慢地越来越多的人们发现体育锻炼对心理健康也有着巨大的作用。大学生是影响社会能否继续发展的基石，他们的身心健康对于整个社会而言有着不可比拟的作用，怎样才能保持大学生身心健康，体育锻炼就成了一种重要的方法。

第一节 新时代大学生体育的意义

蔡元培先生曾提出：完全人格，首在体育。在当前的中国体育发展格局中，大学生体育理应占据更突出的位置、发挥更重要的作用。体育对于大学生具有重要的意义。

一、提高大脑工作的能力

大脑是人体的最高指挥部，人体一切活动的指令，都是由大脑发出的。大脑的重量虽只占人体重的2%，但是它需要的氧气却要由心脏总流出血量的20%来供应。进行体育活动，可以改善大脑供血、供氧情况，可以促使大脑皮层兴奋性增强；抑制加深，兴奋和抑制更加集中，神经过程的均衡性和灵活性加强，对体外刺激的反应更加迅速、准确；大脑分析综合能力加强，整个有机体的工作能力提高。无论是参加哪项体育锻炼，都可以改善自身内环境，增强耐力，多种多样的体育锻炼可以发展学生不同的体能，也可以提高学生的体能水平。

智力是一个人认识能力的有机结合。通过体育活动可以促进学生的大脑发育，提高大脑皮层的兴奋性；改善神经系统的工作能力，加强神经系统的均衡性和灵活性，能够更加迅速、准确地应对体外刺激的反应，使人头脑清醒、思路清晰敏捷、综合分析能力加强。此外，体育锻炼还可以稳定情绪、使性格开朗、降低疲劳感等等非智力因素产生良好变化。体育活动丰富多彩，有些项目具有发展智力的特点，因此对于学生们的智力以及能力有着很大的提高作用。

二、促进有机体的生长发育

骨骼是人体的支架，其生长发育不仅对人体形态有重要的影响，而且对内脏器官的发育，对人的劳动能力和运动能力都有直接影响。体育运动刺激骺软骨的增生，从而促进骨的生长。科学研究证明，经常从事体育活动的青少年比一般青少年身高增长要快。同时，经常参加体育活动，还可使骨骼变粗，骨密质增厚，骨骼抗弯、抗折、抗压的能力增强。

肌肉是人体进行运动的物质条件，任何运动都是通过肌肉的工作来完成的，肌肉本身又是人体美的重要体现，发达而结实的肌肉能提高劳动力和运动能力；经常从事运动，可以改善肌肉的血液供应情况，增强肌肉内的营养物质，特别是蛋白质的含量，使肌纤维变粗，工作能力加强。

经常参与体育锻炼可以提高心脏收缩功能，促进血液循环；增加呼吸肌的力量和耐力，改善呼吸系统功能；改善和加强神经过程的稳定性和灵活性，促使中枢神经系统、大脑皮层的兴奋增强，从而可以提高神经系统的反应能力和应变能力，增强机体水平。

三、提高人体功能

体育活动能使人体内能量消耗增加，代谢产物增多，新陈代谢旺盛，血液循环加速。从而使血液循环系统、呼吸系统、消化系统、排泄系统的功能都得到改善，经常活动能使心脏产生运动性肥大，心肌增强，心壁增厚，心腔容积增大。在功能上，心肌的每搏输出量增加，而心搏频率减少，出现"节省化"现象。肺的功能也会因运动而提高，肺活量增大，呼吸深度力加深。

四、调节人的心理

从事体育活动能使人心情舒畅、精神愉快、调节人的某些不良情绪和心理，如紧张烦躁、意气消沉和情绪沮丧等。

体育锻炼也可以作为情绪发泄的一种宣泄口。在进行体育锻炼的过程中，由于大脑皮层处于较强的活动状态，能够转移学生不愉快的心情和行为，使其焦虑感下降，分散注意力，缓解心理压力。另外，经常参加体育锻炼还可以改变自身性格，使自己变得开朗、活泼，做事雷厉风行，敢作敢当。

体育运动项目多种多样，有些运动困难度比较大，学生为了完成体育目标，就会不断地去努力训练，不怕困难挫折，在训练中进步，增强对困难的抵抗力与意志力，锤炼学生的心理素质。

五、提高人体的适应能力

体育活动能增强身体的免疫力，提高对疾病的抵抗能力，它所提供的许多使人体处于非常态的状况（如倒立、悬垂、滚翻等），还能提高人体适应现代生活的能力。同时，体育活动往往是在各种外界环境和条件下进行的，因而有机体得到锻炼，适应能力不断提高，特别是青少年学生，身体的可塑性大，这种提高就更明显。在进行体育活动时，由于天气的多变性，有些体育活动可能是在严寒酷暑、风雨交加的环境和条件下进行的，因此学生适应环境的能力也随之不断提高。

而且，体育活动也可以提高免疫力，增强自身对疾病的抵抗能力，产生抗体，减少感冒、发烧等疾病，使学生可以适应社会的快节奏。

六、起到教育作用

所谓教育，是指使受教育者按一定的目的形成特定的个性品质，包括世界观、政治思想、道德品质、情操、美感等。学校体育中的教育功能表现为通过体育活动对学生进行思想教育和意志品质与道德作风的培养。体育活动过程中人体要承受一定的生理负荷和心理负荷，要完成动作就得依靠意志来克服由负荷所引起的困难（障碍），为磨炼意志、形成品质提供了一个良好的机会。教师的责任就在于在这一过程中有目的地对学生施加心理上的影响，促使和帮助其克服困难和障碍，从而培养沉着、勇敢、顽强、果断、进取、吃苦耐劳和坚持不懈等优良品质。

学校体育大多是采取集体活动的形式，也经常采用游戏和比赛等手段，都有一定的规则要求，既需要充分发挥个人的力量，更需要集体的通力合作，并且还需要遵守一定的纪律。这既能保证活动顺利进行，又能培养参加者的优良道德品质和作风。教师的责任就在于利用这些形式和条件，对参加者进行集体主义教育，并且严明有度、潜移默化地培养学生团结友爱、互助合作，服从组织、遵守纪律、关心他人、尊重对方，以及诚实、谦虚、文明礼貌等道德、作风和行为。

七、促进个体社会化功能

个体社会化即人的社会化。社会化是一个人学习他所属的社会中的人们必须掌握的生活技能、行为规范和价值体系，以取得社会生活适应性的过程。亦即由生物的人变成社会的人的过程。人刚出生时，只是一个生物的人，要使之成长为一个社会的人，一个被社会或群体所需要的人，他就得学习社会或群体的规范，知道社会或群体对他们的期待，从而逐步具备作为这一社会或群体的成员所应具备的知识、技能、态度、情感和行为。在人的社会化过程中，体育活动有着非常重要的作用，不论是作为内容还是作为手段，体育运动都是不可缺少的。以至于一位美国社会心理家学海兰考曾提出"如果把体育运动忽然从世界上和人们的意识中消灭掉（这当然是不可能的），只要人的社会化过程不变，体育运动很快还会诞生，也许还会再造出形式与现在完全一样的体育运动"。

人刚出生，生理上几乎完全不能自理，适应环境的能力也很差，连最简单的坐、立、走都不会（许多动物一出生就会走），因此人的基本技能都是靠后天学习获得的。体育运动是人们获得基本活动技能的重要途径。儿童在游戏中学会走、跑、跳、攀、爬、搬运等最基本的生活技能，提高他们的基本活动能力。同时，儿童在游戏中通过"假装"和"拟成人"的各种活动，模仿各种社会角色的动作和行为，学会适应社会生活。至于在各级学校中的学生，在法定的体育课和课外体育活动中，进一步提高了他们的身体活动能力，有助于他们掌握更多的基本技能，包括基本生活技能和劳动技能。

学校体育本身是一个有章可循、有一定约束力的社会活动，又是在教师的直接组织和教育下进行的，这对培养青少年学生遵守社会生活准则是一个强化。再者学校体育在活动过程中由于场地大、活动多、班级与班级之间、小组与小组之间、个人与个人之间的交往频繁，这不仅增加了师生间的联系，也使学生之间的交往增多。同时，由于在体育活动中学生所处的角色和地位经常发生变化，使人际关系更趋复杂，有利于培养学生妥善处理人际关系的能力。

体育运动的多种多样以及各种外界环境的影响，可以发展学生不同的情感，集体性的体育活动更是可以增强学生的共进退以及荣辱与共的集体主义感。可以锻炼学生的意志力和勇往直前、克服困难的品质。

八、美育的作用

体育和美育，都是整个教育的一部分，都是培养全面发展的人的有机组成部分。由于美育只能潜移默化地借助某些媒介来实施，而艺术又是审美意识的集中表现体。长期以来许多人将美育与艺术教育等同起来，忽略了在其他领域内进行美育的尝试。著名近代教育家蔡元培先生曾提出"凡是学校所有的课程，都没有与美育无关的"论断，特别是在体育与美育密切相关的教育思想和"健、力、美"高度统一的现代体育标志被公认的今天，我们完全可以理直气壮地说，体育教学具有实施美育的最佳条件和可能。

体育教学有别于其他学科的教学，它的一个明显的特点是，体育课不仅需要有教师的讲解，而且需要有示范，需要用具体的技术动作形象揭示知识，借以引发学生的学习动机，使学生通过"活的形象""动的画面"去感知、理解知识，并以此为媒介产生求新的种种渴望。教师可以充分利用语言这一工具，以其圆润悦耳的声调、充实饱满的音量、抑扬顿挫的节奏、直观生动的形象讲解，再配之以优美、准确、舒展、大方的技术示范等自成系列、独具一格的教学环节，一方面能够把教学内容活灵活现地呈现在学生面前，让学生去感知、去体味、去理解；另一方面，又以形象直观的讲解和示范，充分向学生展示体育教学所特有的语言美、人体美、和谐美、技术美、动静美……让学生去欣赏、去想象、去体验。这样，就可以使学生在感知知识、技术和能力的同时，也从美的观念获得感性认识，使学生产生羡慕、欣赏、对比、向往、实践的感知意向，诱发其审美情趣，直至产生积极的跃跃欲试的心理需求。从美育的目的看，审美教育始终离不开感性的形象，而体育教学恰恰具备这一优势。需要特别强调的是，体育教学过程中的这种突出的形象性，更符合儿童、少年乃至青年的心理特点，更适合学生的感受力、审美情趣、审美能力、审美倾向和审美需求，因之，也就更容易对他们实施美的教育和熏陶，也就更容易为他们所自觉接受。

九、促进学生个性全面发展功能

直接给个性下定义比较难，因为不同的学科对个性有不同的理解，其中心理学、社会学、教育学和哲学对人的个性是什么做出的探讨为多，他们从自身的学科视角定义个性。心理学从心理和行为的角度，对个性进行了较多的探讨并取得大量成果，为我们深入全面地认识个性提供了许多可以借鉴的资料；社会学提醒，个性应包括人在社会中充当的独特角色和具有的独特地位；教育学在指出个性形成的基础上，将个性视为个体独特的身心结构及其表现，在一定意义上丰富了个性的内涵；当代哲学试图从哲学高度揭示个性真义的努力，启发我们要把马克思主义哲学关于个性与共性的理论和人的本质学说等，作为我们理解个性真正含义的科学理论基础。

我们正生活在面向科技化与人文化、国际化与多样化，以及改革开放、市场经济等协调一致汇成的富有特色的现代化新时代进程中。这个时代不仅强烈地呼唤着人类要以自身鲜明的个性适应时代、改造时代、创造时代，而且更希求人类以自身良好、积极的个性，将人类引导向健康、和谐的未来。然而，良好、积极的个性不是天生的，它需要教育的引导、培植与塑造。儿童期与青春期是人的个性健康发展的两个关键时期，在这两个时期如果个性受到不良因素的影响而产生障碍，就容易出现异常个性。我国当代教育改革对个性教育的关注始于20世纪80年代后期，热于90年代至今。90年代，我国的个性教育研究已超出了理论的范围，走向教育实践，并创造出了多种多样的个性教育模式，如愉快教育、成功教育、创造教育、主体性教育、和谐教育等。学校体育几乎也在同时提出了快乐体育、成功体育、和谐体育等。学校体育由于活动内容多，同学间交往频繁，选择余地大，具有身、心需要协同工作，各自承受不同负荷和刺激，身体体验深刻，角色变化快等特点，使得学校体育对学生个性的发展具有其他文化课无法比拟的特点。健康之身体，是良好个性形成的基础；而良好个性社会价值的实现，更要以健康身体作为保证。

各种体育活动是基于学生在各种环境中进行的运动锻炼，不同的运动环境会给学生带来不同的运动感受。而个性就是在对抗各种环境下的体育运动产生和发展的。学生也可以在各自擅长的体育运动里充分展现自己，给自己带来掌声和尊重的心理满足感，证明自己的潜力，这也使得个性有一个很好的发展，形成健康的、良好的个性。

总之，体育锻炼对人体发展的作用是巨大的，但是只有按照人体生长发育的规律，坚持不懈地去进行科学锻炼，方能达到上述目的。

第二节　新时代大学生体育的内容

体育，是指以身体练习为基本手段，以增强人的体质、促进人的全面发展、丰富社会文化生活和促进精神文明建设、提高运动技术水平为目的的一种有意识、有组织的社会现象。它是社会总文化的一部分，受一定社会的政治和经济制约，为一定社会的政治和经济服务。

随着社会的发展，这种人类本能最基本需要的身体活动，与军事斗争、医疗保健、宗教、娱乐等相融汇，并相互促进，形成了个体与社会、生理和心理等共同需要激励下产生的社会活动。时至今日，体育已合着社会发展的节拍，进行了高度的分化，根据人们的个体和社会的不同需要和目标，把体育进行了各具特色的分类。

从文化学角度可分为体育教育、竞技运动、全民健身等。

从方法论的角度可分为体育教学、运动训练与竞赛、身体锻炼与娱乐等。

从管理学角度又可分为社会体育、学校体育、军队体育、竞技体育等。

按地缘分为地方民间体育、民族体育等；

按目的分为健身体育、娱乐体育、健美体育、保健体育等，保健体育又可划分为医疗体育、矫治体育；

按参加的人群可分为婴幼儿体育、老年人体育、妇女体育、残疾人体育等；

按组织方式可分为职工体育、社区体育、竞技体育、农民体育、家庭体育等。

一、我国大学体育课的简要历史

纵观我国社会发展的历史过程，我国的大学体育教育可以分为以下几个发展变化时期：以军事为主体的古代"兵士体育"；"维新运动"将西方"体操"科目引入我国；现代竞技体育项目作为体育教学的主要教材内容。

我国近代高等体育教育以 1898 年清政府创立的京师大学堂为标志，从此大学体育教育就伴随着大学教育的发展而发展。新中国成立后，党和政府非常重视体育工作，1961 年教育部根据苏联教育模式，以竞技体育作为我国学校体育教学主要内容的原则，颁布了我国第一个全国统一使用的《高等学校普通体育课教学大纲》；直到 1979 年，教育部又重新编订《高等学校普通体育课教学大纲》，并将《大纲》分为基本教材与选用教材，规定授课 140 学时，主要以田径、体操、球类、武术、游泳等为教材内容。并且在学生学籍管理文件中明确规定，体育课程考试不及格学生不能毕业，不能授学位。因此，我国高等体育教学沿着以竞技体育项目为核心的体育教学思路与模式，在大学体育教学中得到不断的发展巩固。

二、现在大学体育课的基本情况

（一）大学体育课程的组织与开展

大学体育课一般分为两类，一是体育理论课，二是体育实践课。体育理论课是根据教学计划，在室内讲授体育与健康基础知识的课程。体育实践课指以运动场地为主要空间向学生讲授体育的基本知识与基本技术以及锻炼身体的基本方法的课程，是体育课的主要形式。

（二）大学体育的特点

大学体育是学校体育和社会体育的衔接点，它作为学校体育的最后阶段，对于大学生身心健康的自我完善和发展都至关重要。

大学体育的教学内容更加丰富，内容的设定以学生兴趣爱好为主，学生还可以自主选择上课的时间和任课教师，这种"三自主"的教学模式突出体现了对学生的人文关怀。学生们的选择更加自主，更加自由，积极性更强。学生们需要跟不同的年级不同专业的人群来进行交流、合作，更好地培养了社会适应能力。

大学体育教学形式更加多样化，不仅有体育课，还可以组织体育俱乐部与体育竞赛。另外，高校组建高水平运动队，是我国竞技体育运作模式的变革和尝试，日益成为高校的名片。

（三）国外学校体育

进入20世纪90年代以来，国际性的大众体育和休闲体育热潮开始影响到学校体育，学校体育中出现了为终身体育和健康休闲活动服务的新趋势。学校体育课程改革是各国教育体制改革的一项重要内容。学校体育对人的培养不仅着眼于现在，更要放眼未来。在发达国家如日本、澳大利亚、新西兰、美国等，对体育课程的认识都已趋向于综合化、社会化、人文化。

在内容上都表现出了很强的可操作性，目标设置具体而详实，有层次性，描述清楚而准确。国外体育课程虽然学科名称不一，但均反映了学校体育向综合化发展的趋势。无论是保健体育、体育与保健、健康与体育、体育与健康，其实质都是相同的，都认为学校体育对学生成长时期的健康发展有着重要的影响，学校体育不仅担负着改善学生体质的功能，更应该全面关注学生生理、心理方面的健康成长，以及了解与人类健康有关的诸多因素，如环境与健康、营养与健康、安全与健康、生活与健康等。这就大大地拓宽了我们的思路与视野。

国外体育课程还把教学的重点从传授技术、铸造体格转向了加深对体育文化的认识。澳大利亚课程标准中，让学生探讨许多有关生命与健康的哲理性问题；对生命和死亡的不同观点的理解与思考；对善与恶、对与错、可接受与不可接受行为的信念，包括宗教信仰、家庭传统等的讨论；传统饮食与文化对健康的作用与影响以及食品的选择、营养成分等等，甚至还能让学生写出对澳大利亚营养状况发展与变化趋势的战略性文章，这不得不说体育课程的内涵与外延产生了质的变化，这些都是社会发展、时代进步的显著特征。

国外体育课程多注重认知与情感的教学目标，不仅仅限于学会一些简单的运动技能与方法。在许多国家的课程标准中还提出了在活动中多为他人考虑、与他人合作的要求，提出了对各类活动明确地表示自己意见的要求。如澳大利亚课程标准中要学生能了解人具有对爱和友谊、接受和安全的需求，能区分出人们表达友谊、爱和尊重他人身体与情绪的方式等，还要学生能谈论健康状态的含义和描述健康、比较健康或有病时他们能做些什么等，这些已经大大超出了我们过去对体育学科的认识范围，在人文化方面迈出了一大步。

（四）大学体育课的任务

1. 树立"健康第一"的观念

"健康第一"的原则是学校体育工作的出发点与归宿，良好的身体是学习、工作的保障。要正确引导学生们树立健康第一的思想和正确的体育价值观。

2. 加强与健康相关的理论知识

大学体育课程中的健康教育环节非常重要，结合体质健康测试的普遍开展，教会学生进行简单的测试和评价体质健康状况，掌握有效提高身体素质、全面发展体能的知识与方法；能合理选择人体需要的健康营养食品；养成良好的行为习惯，形成健康的生活方式；掌握一些运动损伤简单的处理方法；以及在以后的工作甚至退休后该怎样参加体育锻炼，能针对自己的身体状况选择适合的环境及项目进行体育活动。

3. 培养体育文化欣赏能力

大学生体育课不同于小学与中学，要逐步将体育引导入学生们的休闲生活，成为大学生的生活方式，如利用闲暇时间观看体育比赛。在欣赏的过程中获得美好的情感体验，进而提升自己的体育文化素养、道德素质以及体育运动素养。

4. 增强自信，改善气质

运动技能往往可以通过刻苦练习得到非常明显的进步，在这个过程中老师给予适当的帮助与鼓励可以使同学们的自信心大大增强，并把这种自信带到以后的生活工作中。气质是人内在心理的外在表现，大学是能培养学生气质的地方，而自信心增强了，气质自然也会得到改善，体育活动中的跑、跳、体育舞蹈等的练习对大学生的气质提升都有很好的作用。

5. 形成团结、协作、互助的意识

现代社会个人的成功和发展越来越依赖于与周围人的密切合作，社会的需要也从"全才"向"专才"转变，使人与人之间的合作越来越多。体育活动中有许多项目都需要每一位参与者的共同努力才有可能成功，这对于大家合作意识的形成是非常有意义的。如近期新兴的拓展训练、野外活动等都非常受老师与学生的欢迎。

（五）大学体育的内容

学校体育的内容一般有田径、体操、球类和游戏、游泳、武术以及军事体育等六大类。

1. 田径

田径运动由走、跑、跳跃、投掷等活动所组成。经常进行田径运动可以提高身体基本活动的能力，发展学生的力量、速度、灵敏、耐力等身体素质，提高内脏器官，特别是心脏和肺部的机能，促进新陈代谢，还有助于培养学生勇敢、顽强、坚忍不拔、克服困难等优良品质。一般分田赛（由投掷、跳跃等项目组成）和径赛（由竞走和各种跑的项目组成）。

2. 体操

体操是一种全身性的运动，分为基本体操、竞技体操和辅助体操三类。基本体操包括队形、队列和基本动作（平衡、攀登、爬越、悬垂、支撑、滚翻等）的操练以及徒手操、器械操、团体操等。竞技体操包括自由体操、单双杠、高低杠、吊环、鞍马、平衡木、支撑跳跃等。辅助体操包括准备运动和整理运动中的辅助性体操。体操活动本身要求动作协调、灵活、平衡、舒展，要求综合运用臂、肩、背、腰、腹各部的肌肉力量，要求健与美的结合。体操对发展力量、灵敏、柔韧等身体素质，培养勇敢、果断、机智等心理素质都具有十分重要的作用。体操往往借助一定的器械来进行。

3. 球类和游戏

球类和游戏是综合性的体育活动。特别是球类活动，不仅要求学生具有跑、跳、投掷等基本活动能力，而且要求熟练地掌握和运用各项球类活动的专门技术。同时，球类活动是在变化多端、竞赛性很强的激烈对抗中进行的。因此通过球类活动，可以促进学生身体协调均衡地发展，提高速度、耐力、灵敏性等身体素质。球类和游戏内容丰富，竞争性强，普遍受到学生的喜爱。

4. 武术

武术的内容极为丰富多彩，一般可分为拳术、器械和对练三类。武术的动作具有舒展大方、刚劲有力、柔和圆润、连贯协调等特点，并有各种手法、身法、步法、腿法、眼法，整套动作起伏转折，富有变化。把武术列入学校体育的内容，可以发展学生的力量、灵敏、柔韧、协调等身体素质，增强学生肌肉、韧带和内脏器官的机能，并且对加强民族文化意识，增强民族自豪感有一定促进作用。

5. 游泳

游泳是人与自然搏击的一项全身性运动，还与水浴、日光浴和空气浴相结合。经常游泳对于人的肌肉、骨骼的发育和内脏器官功能的增强，以及身体素质的发展都有很大的作用。但组织学生游泳必须认真做好安全保护工作。

6. 军事体育

军事体育活动分陆上运动、航海运动和航空运动三大项。陆上运动包括投弹、射击、骑马、武装障碍跑、驾驶摩托车、无线电通信、军事野营、防空防毒演习等。航海运动包括船舰模型、划船竞赛、武装泅渡等。

航空运动包括航空模型、跳伞、滑翔等。军事体育活动的特点是身体活动与科技活动紧密结合，既可以全面提高学生的身体素质，又可以发展学生对科学技术的广泛兴趣，还可以锻炼学生的坚强意志，加强国防观念。

上述六类体育活动，对于促进学生的生长发育，增强学生的体质，具有各自的功能，应该落实到体育教学中去。而在具体落实时，则应从学生的实际出发，贯彻因材施教和因地制宜的方针。

第三节　新时代大学生体育的实践

体育课程是为了实现学校的教育目标而制定的使学生增强体质和获得健康经验的方案。它是大学生以身体练习为主要手段，通过合理的体育与健康教育和科学的体育锻炼过程，达到增强体质、增进健康和提高体育素养为主要目标的公共必修课程；是学校课程体系的重要组成部分；是高等学校体育工作的中心环节。

一、认真学习体育课程

体育课程是把身体发展、思想品德教育、文化科学教育、生活与劳动技能教育、心智开发等寓于身体活动并有机结合的教育课程；是实施素质教育和培养全面发展人才的重要途径。《学校体育工作条例》规定："普通中小学校、农业中学、职业中学、中等专业学校各年级和普通高等学校的一、二年级必须开设体育课。普通高等学校对三年级以上学生开设体育选修课。体育课是学生毕业、升学考试科目。"大学生通过体育课程的学习应努力达到以下五个领域目标。

运动参与目标：积极参与各种体育活动并基本形成自觉锻炼的习惯，基本形成终身体育的意识，能够编制可行的个人锻炼计划，具有一定的体育文化欣赏能力。

运动技能目标：熟练掌握两项以上健身运动的基本方法和技能；能科学

地进行体育锻炼，提高自己的运动能力；掌握常见运动创伤的处置方法。

身体健康目标：能测试和评价体质健康状况，掌握有效提高身体素质、全面发展体能的知识与方法；能合理选择人体需要的健康营养食品；养成良好的行为习惯，形成健康的生活方式；具有健康的体魄。

心理健康目标：根据自己的能力设置体育学习目标；自觉通过体育活动改善心理状态、克服心理障碍，养成积极乐观的生活态度；运用适宜的方法调节自己的情绪；在运动中体验运动的乐趣和成功的感觉。

社会适应目标：表现出良好的体育道德与合作精神；正确处理竞争与合作的关系。

大学的体育学习应注重体育促进健康知识的学习，掌握体育健身的基本原理，并能运用这些知识和原理指导自身的体育锻炼，学会体育锻炼评价方法和身心健康的评价方法，把体育视为一种文化加以理解，培养自己的体育素养。还要注重提高自身的体育活动能力。体育活动能力的提高除了要掌握体育和健康的知识，还要学习一定的运动技术和体育锻炼的方法，形成一定的运动技能。要从增强体质的角度去学习运动技术，把运动技术看成是增强体质和提高健康水平的手段，把运动技术和体育锻炼方法的学习过程看成是增强体质、增进健康、传播体育文化的过程。

二、积极参加课余体育

课余体育是指学生在课余时间里，运用各种练习方法，以发展身体、增强体质、增进健康、提高运动水平和丰富业余生活为目的的体育活动。它包括：早操、课间操、班级体育活动、课余训练、课余竞赛以及校外体育。课余体育是学校体育的重要组成部分，是实现学校体育目标的基本途径之一。课余体育与体育课程相互配合共同完成学校体育的目标。

课余体育的特点：①灵活性：与"课内"相比，"课余"不拘一格，灵活生动，丰富多彩，形式活泼，讲究实效；②开放性：与"课内"相比，"课余"不受教学计划的限制，内容和形式更接近生活；③综合性：

"课内"教学是按学科进行的，而"课余"体育则是以活动为中心进行的，因此，它能为学生提供同时运用多种学科知识、多方面才能的机会；④趣味性：学生参加"课余"体育活动时，根据自己的兴趣、爱好自愿选择，其内容、形式也是学生喜闻乐见的，能引起他们浓厚的兴趣，满足他们的精神需要；⑤自主性：与"课内"相比，学生在"课余"体育活动中具有更大的自主性。

通过课余体育活动，能充实大学生的生活，扩大大学生的活动领域，密切大学生与社会的联系，激发大学生的体育兴趣和爱好，发展大学生的体育特长，培养大学生的开拓精神和创造才能，促进大学生的个性发展。

（一）高校体育俱乐部

高校体育俱乐部是由学生自发组织或者由学校统一组织的一种社团，它围绕着某一项运动项目，以俱乐部的组织形式将体育教学、课外体育、运动训练、群体竞赛等融为一体。

我国普通高校的体育俱乐部大体上分为三种类型：

1. 课外体育俱乐部

2. 课内体育俱乐部

3. 课内外相结合的体育俱乐部

（二）高校体育俱乐部的特色

1. 内容的丰富性

俱乐部的课堂项目设置丰富多彩，不仅包括有篮球、足球、排球、网球、羽毛球、乒乓球、武术、游泳、体育理论等传统课程，还能开展一些在学校条件范围内无法开展的运动，如登山、定向越野、野外生存、攀岩、轮滑、游泳、射击、拓展训练和大型游乐项目，等等。

2. 选择的自由性

同学们的选择自由度大大加强。在选择的过程中，同学们可以根据自己的需求、喜好来选择运动项目、指导教师，学习的时间也可自由选择，这样便给大家创造了一个更加宽松的学习环境，激发大家的学习积极性。

3. 过程的主动性

很多的体育项目都是集体进行的，如各种娱乐活动和比赛交流。体育俱乐部组织开展活动，由教师总体负责，起领导、监督、保障作用，而学生来负责实施具体的管理和组织操作安排。在组织比赛交流过程中，学生通过教师的指导来亲自编排整个比赛流程。这样由学生自己负责，就会形成学生关心俱乐部、办好俱乐部的局面，同时锻炼了学生们的体育组织管理能力。

（三）高校体育俱乐部现状

目前高校建立的体育俱乐部以单项形式出现的为最多，其数量不等。而各个单项体育俱乐部比例也不同，如足球、拳击、棋类项目分别均占61.54%；牌类项目占53.85%；乒乓球项目占46.15%；羽毛球、排球、篮球、健美项目分别均占38.46%；游泳、气功项目分别均占32.76%；体操、田径项目分别均占7.61%；钓鱼、冬泳、女子运动等其他项目共占23.08%。例如，上海中医药大学对高年级本科生实施新模式俱乐部制体育课进行了探索和尝试。其方法是，在同一堂课中开设各类体育项目，每个项目为一个俱乐部，学生可根据自身条件与兴趣爱好，自由选项上课，每周课都允许更换项目，既不受班级、教学进度、教学内容限制，又须遵循体育教学规律，完成体育课的教学任务。课程与老师均是自由选择，寓教于乐，这种改变使体育课具有吸引力，并采取新的考核办法：三项结合，即体育锻炼达标的年级统测，专项技术的任课教师自测和每堂课学习态度的随时评定相结合，分值各占50%、40%、10%；二类内容，即在专项技术技能的考核中，A卷为新授课的内容，B卷为以前已掌握的内容或本人擅长的项目，学生可自由选卷考核；二种标准，即A卷考核评分标准制定低些，B卷评分标准就高些。这种考核办法，使学生处于一种既有选择又有比较宽松的考试氛围之中，保证了质量又减轻了心理上的压力。

这样，高校体育俱乐部便以一种新兴的体育课堂教学模式，打破了高校体育课的课时限制，可以使同学们继续进行学习，精确地掌握1~2门运动项目技能。

（四）高校体育俱乐部对于大学生的意义

1. 扩大社交

俱乐部里的成员不局限在一个班级的小集体中，但需要都具有相同的爱好，彼此有共同的话题，在人际交往中为自己扩大圈子。人们也喜欢追求在团体运动项目中运动时亲密无间的情谊。

2. 娱乐身心

俱乐部中成员的一个重要内容就是娱乐，青年一代大学生又极富想象力，各俱乐部会自发组织各种积极的娱乐活动。

3. 获取知识

学生通过体育俱乐部可以扩展获取知识的更多的渠道，如可以通过与不同层次的学生交往获得、可以从不同类型和知识面的教师中获得，也可以从社会体育实践中获得。

4. 力量功能

一个人一旦成为某一俱乐部的成员，就可能树立更强的信心，感到集体力量的强大。

5. 培养意识

高校体育俱乐部能产生良好的文化氛围，给大学生无形地注入了闲暇教育的思想、终身体育思想，这将对学生体育意识、行为、能力的培养有着积极的促进作用。

三、形成习惯坚持不懈

（一）"每天一小时"政策

关于"每天锻炼一小时"最早并不是为了鼓励学生加强锻炼，而是由于学生功课任务繁重，伙食条件卫生条件不到位，学生身体状况严重不良，中央人民政府政务院为了限制学生们过多活动，下发了《关于改善各级学校学生健康状况的决定》，提出："学生每日体育、娱乐活动或生产劳动时间，除体育课及晨操或课间活动外，以一小时至一小时半为原则。通勤学生可酌量减少。学生从事生产劳动时，应避免过重的体力劳动。"

（二）我国大学生体质健康水平的状况

纵观20多年来的体质健康测试结果，发现我国青少年的身体形态发育水平随着营养改善持续提高，而爆发力、柔韧性、力量、耐力等身体素质指标却连续下降，肥胖检出率、视力不良检出率都明显升高。肺活量水平更是连续20年下降，直到2010年调研结果显示：肺活量在连续20年下降的情况下出现上升拐点。

大学生体质健康水平的不良状况，是由于多方面的原因造成的。其中包括学校、家庭、社会的影响。学校重智育轻体育；家长要求子女的精力完全放在追求升学、文化成绩上，忽视了体育锻炼；现代社会的自动化、智能化以及体育场地设施的缺失，这些都造成了学生体质下降的现状。

（三）政策的全面实施

2006年12月20日，教育部、国家体育总局、共青团中央共同下发了《关于开展全国亿万学生阳光体育运动的通知》，提出："开展阳光体育运动，要与课外体育活动相结合，保证学生平均每个学习日有一小时体育锻炼时间。"开启了"每天一小时"政策全面实施的阶段，吸引广大青少年学生走向操场、走向大自然、走在阳光下，积极参加体育锻炼。启动阳光体育的目的也是为了进一步落实学生每天锻炼一小时。

（四）如何养成良好的锻炼习惯

首先，要培养自己对某个体育项目的爱好，因为只有兴趣才会表现出积极情绪，才会爱好某项活动，从而形成行为习惯。如果缺乏对某一活动的兴趣，就不可能产生对该活动的爱好，也就不可能形成从事该活动的习惯。反之，随着对某一活动的兴趣的形成和爱好的增长，习惯性也就越强。就好像很多同学喜欢上网聊天、打游戏一样，即使老师家长反对也还是要去，这就是兴趣所在。因此培养一个良好体育爱好是养成良好体育锻炼习惯的关键。

其次，要养成良好的体育锻炼习惯，必须懂得一定的科学锻炼方法，因为不是任何一种体育活动都能锻炼身体和增强体质，不懂得用科学的方法锻炼身体，不仅会影响锻炼效果，还有可能损害身体健康。所以只有懂得和运用锻炼身体的基本原理和科学锻炼的方法，才能达到预期的锻炼效果。科学的锻炼包括：运动前先要做好准备活动，使机体逐步进入运动状态；并从个人实际出发安排好运动量和运动强度，不要一开始或在无人指导下去做难度过高的技术动作，而且在运动过程中要注意体育安全卫生知识，例如不要饭后马上运动，运动过程中不要暴饮暴食，特别是激烈运动后不能猛喝冻饮料，也不要在浑身大汗时马上用冷水冲洗等等，这都是通用的科学锻炼方法。最后，要想养成良好的体育锻炼习惯还要持之以恒。苏联教育家马卡连柯曾说："要形成良好的习惯，最重要的是正当行为的不断练习。"

良好习惯的形成，是意志与毅力的结果，因此同学们在养成锻炼习惯的过程中，要有一定的意志力，持之以恒地坚持下去，要严格作息时间，不管是夏天，还是寒风刺骨的冬天，都不改变自身的生活规律，形成有利于健康的良好的"生物钟"。这样，天长日久，锻炼的习惯就会逐渐形成了。

（五）终身体育的提出

终身体育是20世纪90年代以来体育改革和发展中提出的一个新概念。终身体育，是指一个人终身进行身体锻炼和接受体育教育。终身体育的含义包括两个方面的内容：一是指人从生命开始至生命结束过程中学习与参加身体锻炼，使终身有明确的目的性，使体育成为一生生活中始终不可缺少的重要内容；二是在终身体育思想的指导下，以体育的体系化、整体化为目标，为人在不同时期、不同生活领域提供参加体育活动机会的实践过程。终身体育对我们的健康生活有很大的帮助，教育部原部长周济倡导："每天锻炼一小时，健康工作50年，幸福生活一辈子。"每个大学生都应该明白，身体是革命的本钱这个道理。我们应深刻认识"终身体育"的内涵，坚持每天锻炼一小时，走出教室，走进大自然，感受新鲜的空气与运动的魅力。这样，在高校甚至整个社会都能形成良好的体育锻炼氛围和风气，同时也培养了坚持不懈的意志品质。

四、为增强体能刻苦锻炼

（一）《学生体质健康标准》的实施

教育部、国家体育总局于 2002 年颁发《学生体质健康标准（试行方案)》，2007 年教育部、国家体育总局在认真总结以往经验的基础上，对《学生体质健康标准》进行了修改和完善，推出了《国家学生体质健康标准》，并要求在全国各级各类学校全面实施。新标准以健康第一作为指导思想，旨在促进学生积极参加体育锻炼，养成刻苦锻炼的良好习惯，提高体质健康水平，并通过体质测试这一形式在全国开展。

《决定》指出，开展阳光体育运动，要以"达标争优、强健体魄"为目标。用 3 年时间，使 85% 以上的学校能全面实施《学生体质健康标准》，使 85% 以上的学生能做到每天锻炼一小时，达到《学生体质健康标准》及格等级以上，掌握至少 2 项日常锻炼的体育技能，形成良好的体育锻炼习惯，体质健康水平切实得到提高。

（二）体能与健康

1. 体能的概念

1984 年出版的《体育词典》和 1992 年出版的《现代汉语词典》中对体能做出了相同的解释："体能"是指人体各器官系统的机能在体育活动中表现出来的能力，包括力量、速度、耐力、灵敏和柔韧等基本的身体素质与人体的基本活动能力（如走、跑、跳、投掷、攀登、爬越和支撑等）两部分。

良好的体能，可让身体应付日常的学习工作、余暇活动，以及突发事情。换言之，我们培养、提高这方面体能对我们学习、生活质量的提高有很大帮助。当前，大学生的体能状况不容乐观，特别是男生的上肢肌群、肩带肌群力量和男、女生的耐力素质已经下降到了一个很低的水平。清华大学自主招生复试中，选测环节的一项为体质测试。在参加清华大学自主招生的 1200 名考生中，一半以上选择了体质测试，按照《国家学生体质健康标准》，结果无一优秀，获得良好的为 7.8%，而不及格的达 63.5%，在不及格的学生中，有 60% 左右是"折"在了"台阶运动试验"上。该试验反映的是人体心血管系统机能状况，靠短时间的训练不可能把成绩提高上去，这种形式给广大基础教育工作者一个风向标，即培养孩子们身体和学习并重的观念。

2. 体能的分类

整体而言，体能有三类，一类是与健康有关的"健康体能"，一类是与基本运动能力有关的"运动体能"，还有一类是与运动技巧有关的"专项运动技术体能"。体能并不能靠一朝一夕的体育锻炼就可以得来，它必须通过长时期有规律地参与体育锻炼，并维持健康正常的生活方式来得以改善。

健康人需要具备健康体能和运动体能。良好的体能使我们看起来、感觉起来及动起来皆在最佳状态。"健康体能"是指人体器官组织如心脏、肺脏、血管、肌肉等都能发挥功能，而使身体同时具有胜任日常工作、享受休闲娱乐生活及应付突发状况的能力，亦即身体能力是健康的。要求有最低限度的心肺耐力、肌肉力量与肌肉耐力、适度的关节柔韧性及适宜的身体成分。而运动体能，除了要求有较高的健康体能为基础外，还额外要求有一定程度的肌肉爆发力、灵活性、速度、平衡、反应及协调能力等要素。我们不但要强调健康体能，更不能忽略运动体能，因为运动体能，关系到我们是否能够运动得有效率，是否能够避免运动伤害，连运动的基本条件（即运动体能）都没有的人，如何能够通过运动，享受健康的硕果。发展竞技体能要使上述各项身体素质达到充分发展的程度，力争不断超越自身的极限。

不同人群对体能的需要是不尽相同的，例如运动员获得体能是为了取得更好的竞技比赛成绩，而我们学生以及普通人获得体能大多是为了增进健康。学校体育及其课程的对象是学生，我们在发展学生的体能时，应分清对象，明确目标，按照不同的要求，采用不同的手段与方法，适当地发展学生的体能。

3. 体能发展与健康

通过体育活动性课程，学生可以充分地参与各种各样的运动项目，直接从中得到锻炼，使机体受到运动负荷的刺激，从而促进体能的发展。由此可见，体育活动性课程对发展学生体能具有重要的直接作用。而保持良好的体能可以使我们的身体更健康、精力更旺盛、生活更美好、寿命更能延长、生命更有价值。

4. 培养刻苦锻炼精神

大学生的体育学习要注重利用体育的教育属性，培养自身的道德修养、合作精神和坚强毅力。道德教育是全面和谐发展教育的重要内容，是教育的灵魂，在全面和谐发展教育中居于核心地位。正如苏联当代著名教育理论专家和教育实践活动家苏霍姆林斯基所说："和谐全面发展的核心是高尚的道德。"智育、体育、劳动教育和美育都不能脱离或忽视思想教育和道德品质教育。在道德教育中突出合作精神的培养，强调"学会关心"。这是继20世纪70年代初提出"学会生存"之后，教育观念、伦理观念和教育发展的又一次重大变革。

良好体能的保持与长期的锻炼密不可分，如果一个人的锻炼半途而废，那么，他的体能水平就不能保持，甚至还会下降。因此，身体锻炼是提高体能水平必不可少的重要途径。大学生是祖国的未来与希望，要发扬刻苦锻炼、勇往直前的精神，到风浪中去经受锻炼，是青少年成长的必经之路。少有壮志的毛泽东自幼热爱体育活动，尤其酷爱游泳，他倡导年轻人要到实践中去，到风浪中去锻炼，要经风雨、见世面，不要做温室里的花草，要在大风大浪中成长。为达标优秀、强健体魄而刻苦锻炼，最终将收获优秀的技能与体能，享受运动的快乐，促进身心的健康。阳光、空气、水和运动是生命和健康的源泉，让我们动起来，享受大自然，享受生命的精彩。

2016 年 8 月 23 日，中国女排时隔 12 年再度加冕奥运会冠军。"团结起来，振兴中华！"这句风靡 20 世纪 80 年代的口号重新回归大众视野，一时间刷屏网络。微博上网友纷纷为女排点赞的盛况，也勾起了人们对于 20 世纪 80 年代那支成就"五冠王"伟业的队伍的回忆。"顽强拼搏、永不言弃"的女排精神从那时起，升华为民族面貌，成为中华民族精神的一个象征符号。"身体素质＋意志品质"，身体是科学基础，意志是动力保障。这便是女排精神的最核心。

复盘 2016 年奥运会上女排姑娘们的表现，从小组赛的状态起伏，到力克东道主巴西，再到挑落荷兰、拿下塞尔维亚，中国女排的表现都很好地诠释了自己的意志品质。在强大的对手面前，中国女排的实力不是最强的，竞技状态也不是最稳定的，但就"顽强拼搏，永不言弃"的精神来讲，她们的确是最为执着的那一队。而这支的队伍所迸发出的精神，也早已超出了体育的范畴。

当"新中国第一代独生子女"逐渐被"八〇后""九〇后"这些时尚的词语所代替；当更个性、更丰富的"八〇后""九〇后"开始走进军营并成长为基层官兵的主体，我们真切地感受到了他们鲜明的时代气息，也真切地见证了他们身上强烈的使命感、荣誉感和责任感。这些恰恰构成新一代军人的精气神，缔造了属于青春的军旅传奇。沈阳军区某特种大队中士班长曾升铨就是他们中的一位。

曾升铨，曾在两次武装伞降中化险为夷，演绎军旅传奇。生死时刻他凭借扎实过硬的素质，准确判断、果断处置、成功避险。他创造的奇迹，生动展示了"八〇后"青年士兵矢志精武、临危不惧的优秀品质。

自古英雄多磨难。传奇的背后，是 2000 多个日夜的艰辛付出。看起来瘦弱的他，却有一股"拼命三郎"的劲头。别人跑 5 公里，他就跑 10 公里；别人做 100 个俯卧撑，他就做 200 个；负重 25 公斤奔袭 6 公里成了他的家常便饭。伞兵有一句行话："三肿三消，才上云霄。"曾升铨对此深有感悟。在伞降地面动作训练中，一心苦练的他双腿肿了又消、消了又肿。最终，他以7个课目全优的成绩拿到了全连唯一一张新兵伞降实跳"入场券"。

千磨万击还坚劲。曾升铨不仅自己心态阳光，还总能把这份"阳光"传导给自己的兵。大强度、高风险、全程淘汰的任务特性常常让人紧绷着弦，时间长了对心理、生理都有影响。作为班长，自己带头放松心情，才能让战士保持好心态，吃苦不怕苦、遇险能避险。

士兵之歌，强者之音。作为青春朝气的"八〇后"士兵，曾升铨选择了将一腔忠诚献给理想和信仰，像子弹一样时刻保持着上膛的姿态，奏响了一曲精彩的"士兵之歌"，也奏响了我们这个时代的强者之音。面对充满艰辛和汗水的军旅之路，他毅然舍利取义、心无旁骛地扎根军营，建功立业，用稚嫩的肩膀担起爱军精武、保家卫国的重责。这是一种勇气，更是对崇高人生价值的不懈追求。作为"小兵"，他刻苦训练、不畏艰险，视军人的荣誉高于生命；作为"教头"，他一丝不苟、精益求精，把战友的生命高高举过头顶；作为兄长，他无私帮助、倾注真爱，用真情谱写战友情深。平凡的言行举止，折射出他高尚的道德品质和朴实的人性光芒。建功军营的无限激情，成就了他面对艰苦磨砺时的一往无前，也成就了他生死一瞬间的淡定从容。曾升铨用他的普通和淳朴、坚持和拼搏，证明了"小兵"堪当重任，彰显了"八〇后"官兵群体的优秀品质。

诚然，并不是每个青年都要穿上军装效命疆场，但每一代青年都需有战胜一切困难的信心和信念，需要肩负重责和希望并为之不懈努力和坚持。因为忠诚和理想、责任和使命、拼搏和奉献，永远是时代精神的制高点。青年学生更要做到意志品质的自我锻炼，并有一些行之有效的方法和途径，如用格言、座右铭警醒自己，用杰出人物的事迹对照、监督自己的言行；同身边的榜样相比较，找出差距，迎头赶上；制订作息计划和学习计划，并严格执行；自己设计一些加强意志锻炼的活动，并努力实践；每天坚持记日记，反思自己的言行和思想，发现缺点，及时改正等。

活动一：班级篮球赛

【实践目标】

锻炼同学们的身体，培养同学们对篮球的兴趣，丰富大学生活，活跃班集体，加强班集体的凝聚力，调动同学们的积极性。

【实践方案】

活动地点：篮球场

活动时间：两课时

参与人员：全体班级成员

具体流程：

1. 用抽签的形式将班上男女同学各分两组，一组男同学与一组女同学组合为一大组，即将全班同学分为两大组，每组男女搭配均匀，并确定组长，每组男女组长各一名。

2. 确定裁判、记分者、计时者。

3. 比赛包括三场，每场四节，第一节由女同学比赛；第二节由男同学比赛；第三节男女混合比赛，每组两名男同学，三名女同学组合在一起进行比赛；第四节男同学进行比赛。每节比赛十分钟。

4. 比赛

（1）赛前五分钟全班同学到达参赛地点；

（2）比赛开始，参赛者注意安全。

5. 比赛结束

胜两场的一组为获胜者，对获胜的一组进行奖励，以抽奖的形式给所有同学一定的奖励。

【参考资料】

让体育运动成为大学生活标配

2018 年 10 月，浙江大学对 2018 级起的本科生体育课程教学实行改革。除了将原来每学期 36 课时的体育课提升至 54 课时外，还将每天下午的"第十节课"，统一安排为体育活动时间。浙大还自行研发了一款跑步软件"体艺 APP"，用于学生锻炼时记录打卡。

体育运动不仅仅可以强身健体，还可以培养人拼搏奋进的精神和积极向上的品格。养成运动的好习惯，让人终生受益。大学阶段是一个人一生中最宝贵的时光，应当是朝气蓬勃，奋进有为的。可是，不少大学生因为熬夜晚起等不健康的生活习惯和不爱参加体育锻炼，大学生体质普遍下降，已成为健康中国的短板。

据《中国学生体质监测发展历程》显示，近十年来大学生体质呈下降趋势。为了将大学生"赶出"被窝，"赶出"宿舍，让他们养成健康的生活习惯和运动习惯，许多高校都想了不少办法。清华大学要求学生参加跑步锻炼，并且要"刷脸"3 次完成打卡；武汉大学、浙江大学开发了专门用于跑步打卡的 APP；中山大学每年给每个同学的校园卡充值 500 元运动专款……这些措施在一定程度上对提升学生身体素质有帮助。

要让学生们养成爱运动的良好习惯必须是发自内心的强烈需求。虽然目前多数学校还是从强制性的考核入手，来增加学生们的锻炼时间，但是从强制运动入手，却可以在短期里收到效果，再通过学校体育运动氛围的培养，有助于让学生们循序渐进养成自主锻炼的良好习惯。值得一提的是，浙江大学的体育教改的一大亮点是开设 8 个以上运动俱乐部和 30 个以上专项课程，并要求每位学生每学期都能参加一项校内体育竞赛。既有强制性的运动要求，又有人性化的兴趣选择。通过软硬结合，充分调动学生的运动积极性，最终都是为了让运动成为学生们学习生活的一部分，帮助他们养成运动的习惯。

还需要引起注意的是，许多大学生没有运动的习惯，与从小到大在应试教育的大环境下，体育课都不太受重视有很大关系。提升学生体质事关国民素质，是一个长期而系统的工程，还需要体制发力，抓早抓小。

活动二：班级跳绳比赛

【实践目标】

为了进一步促进体育活动的开展，丰富同学们的课外活动和课余生活，加强同学之间的交流，提高学生的身体素质和预防疾病的能力，培养学生的兴趣和爱好，增强班级的凝聚力，培养学生团结协作的精神，举行跳绳比赛。

【实践方案】

1．活动时间：两课时

2．以班级为单位，由班长组织训练，充足课余时间进行训练。

3．比赛规则

（1）单人跳绳（分向前跳和向后跳两个项目）

比赛时间：一分钟

比赛人数：全班学生

比赛规则：一分钟的时间内，单人跳绳次数。跳绳过程中可以停顿，以一分钟结束时的总次数为个人最后成绩。得分最高者为胜。

（2）花样跳绳比赛

低组：向前编花跳

中组：向前编花跳，向后编花跳

高组：向前编花跳，向后编花跳，跳双环

比赛规则同上。

4．奖项设置

评选"跳绳明星"，颁发喜报。

5. 其他有关事项

（1）每个班级原则上要求全员参战。

（2）参加比赛的班级和个人赛前要充分做好准备活动，指导学生活动关节，避免出现事故。

（3）活动器材学生自备。

（4）按时到达比赛场地，听从裁判员指挥，未按时到场班级或个人视为自动弃权。

【参考资料】

大学生体育"挂科"可能影响毕业释放出哪些信号？

2019年10月，教育部发布《教育部关于深化本科教育教学改革全面提高人才培养质量的意见》（以下简称《意见》），其中"加强学生体育课程考核，不能达到《国家学生体质健康标准》合格要求者不能毕业"的要求再次聚焦大学生体质健康。这意味着以后大学生体育"挂科"也可能会影响正常毕业，这样的要求释放出哪些信号？

信号一：引导树立健康第一的教育理念

目前，我国在基础教育阶段重智育轻体育的思想仍未得到根本性扭转。运动意识差、体质下降明显、锻炼时间不足等问题在大学生群体中依然广泛存在，"健康第一"的意识在学生和社会中都有待觉醒。

"无论是在学校学习，还是走到社会上，包括从事科学研究方面的工作，身体健康都是你取得成绩、做出贡献的基础，没有一个好身体，其他的都无从谈起。但在我们的学生中间，有这种意识的不是太多而是太少了。"从事多年体育教育研究的南京理工大学动商研究中心主任王宗平说。

教育部体育卫生与艺术教育司司长王登峰在接受采访时则表示，大学教育有促进学生全面发展的功能和作用，参加体育活动有很多社会化的功能。他说："现在出台这些政策的着眼点不仅仅是学生的体质健康水平，体育活动还能磨炼意志品质、提高抗挫折能力和团队合作能力。这些对于学生个人、家庭和社会来说可能比单纯的成绩更重要。"

信号二：大学体育教育将增加过程性考核

大学体育成绩与毕业证捆绑是否意味着没有运动天赋的学生即使专业课再好也拿不到毕业证？受访的多位专家表示，这是对政策文件的误读。

在2014年发布的《国家学生体质健康标准》中，被认为难度最大的耐力跑项目，大三、大四男子1000米和女子800米的及格成绩分别为4分30秒和4分32秒。"现在的成绩要求已经放宽很多了。达到这个成绩不需要你的运动天赋有多么突出，只要坚持正常参加必要的体育运动就能达到。当然，一个大学生如果成天在宿舍里打游戏就想达标肯定有困难。"王宗平说。

王登峰也给担心因为一次体育测试成绩不合格而影响正常毕业的孩子吃下一颗定心丸。他表示，全国各普通高校将增加体育课程设置和学生管理。在体育成绩的评定中，日常体育课出勤、早操签到以及代表班级和院系参与体育竞赛等体育相关活动也占据一定权重，注重过程性考核。"目前的体育健康测试覆盖了大学所有年级，这样学生体质健康才能保持连续性，不能靠突击训练拿到短期合格。而且如果有学生因为体育成绩不合格没拿到毕业证，当年也有机会通过补考拿到毕业证。"王登峰说。

信号三：学校体育资源将更多普惠全体学生

早在2014年，教育部就曾发布《高等学校体育工作基本标准》。这个标准明确提出，各高校要全面实施《国家学生体质健康标准》，建立学生体质健康测试中心，每年将测试成绩向学生反馈。这就对各高校体育教育的软件和硬件都提出了更高的要求。

重庆市政协委员、西南政法大学教授程德安认为，这次《意见》再次聚焦大学生体质健康，对高校体育教育资源向全体学生普惠具有积极意义。

"按照《意见》的要求，高校除了要保障能为学校争得各种荣誉的有体育特长的学生外，也必须满足全体学生对体育教育资源的需求，这也是对现有体育教育资源的一种更有效利用。"程德安说。

在被问及《意见》中的要求是否具有可操作性时，王登峰认为，目前全国高校体育工作经费、体育教师的数量和硬件设施水平可以满足学生的需求。"当然，提高学生身体素质也是一项系统的工程，需要学校、学生、家长以及社会共同努力。我们高兴地看到，重视大学生身体素质的氛围正在形成。"

第九章 新时代大学生的"美"

美育，又称为审美教育。它与德育、智育、体育等有着同等重要的价值，它们相互之间在塑造和完善育人这一重要目标上承担着各自不同的作用。

美育的概念最早可追溯到西方的古希腊罗马时期以及中国的先秦时期，它本质上是塑造精神境界的情感教育，是培养大学生感受美、鉴赏美、创造美的重要教育活动，而其实施途径也是多样化的，经过不断演化日趋成熟。

第一节 新时代大学生美育的意义

新中国成立后的最初 30 多年里，我国教育几乎是把美育排除在学校教育之外的，德、智、体是否全面发展成了衡量一个学生优秀与否的全部标准。直到 1986 年春天，第七个五年计划公布，才重新把美育提到全面发展的教育方针中来。30 年排除美育的后果使人们从反面认识到了美育的重要意义。

一、美育使人类社会的优秀文化成果得以传承和发展

人类文明是由世界各民族共同创造的，人类社会每一次跃进与升华，无不伴随着文化的历史性进步。古中国、古希腊、古印度文明，都创造了不同的文化传统，并一直影响着人类生活，而文化的传承创新与美育密切相关。

归根结底，人类文化是人们生存方式与审美的反映，文化的最基本内涵就是人的素质，美育的育人作用使其成为文化建设的重要途径之一。比如在文学艺术方面，我国古代的《诗经》、《楚辞》、汉赋乐府、唐诗宋词、元代杂剧、明清小说、敦煌艺术与民间艺术等，丰富悠久，光彩夺目。在审美教育中，这些都是我们审美的对象，值得我们自豪，更值得我们继承和发扬。美育关注的是人类的精神家园，引导人们在自己创造的幸福家园中诗意栖居，而这种诗意栖居的过程，就是发现美、欣赏美和创造美的过程，是吸取人类优秀文化成果、推动人类文化向前发展，使人类物质文明和精神文明和谐发展的过程。

文化是民族生存发展的重要力量，每到重大历史关头，文化都能感国运之变化，立时代之潮头，发时代之先声，为亿万人民、为伟大祖国鼓与呼。作为大学生，更应该自觉自律地继承和发扬我国优秀的传统文化，"美化"自己，也奉献社会。

二、美育使教育走向完善

学校教育就是要使学生德、智、体、美、劳全面发展，大学教育虽然强调了术业有专攻，但依然不能忽视学生德、智、体、美、劳的全面发展。在目前的教育体系中，美育是最薄弱的环节，无论是领导意识、课程设置，还是资金投入都存在不到位的情况，这直接影响了教育的全面均衡发展。重视美育，将促进教育走向完善。

首先，美育与德育是密不可分、相辅相成的关系。比如艺术教育既是美育的重要方式，也是德育的重要途径。在德育中运用美育，就可使理性的灌输变成生动的形象感知，而美育中的情感教育是德育无法取代的。当然，德育所推行的行为规范，也是道德与美的统一。道德行为是善的，但不一定是美的，但当道德情感自觉转化为道德行为时，那这种行为就不仅是善的，而且是美的。当一个人抛开个人私利，为实现最高的善而不畏死亡，奉献一切、牺牲一切时，就达到了美的最崇高境界了。

其次，美育与智育间体现的是美与真的关系。智育侧重的是关于知识、技能的教育，是对自然、社会的知识体系的培养，是教会人们如何认识客观世界的教育。客观世界有其不以人的意志为转移的客观规律，这就是真，而真与美是紧密相连的。科学思维与艺术思维在人类创造性实践活动中是互相影响、互相渗透、互相推动的。

再次，美育与体育，一个铸造精神，一个塑造身体，人只有身心相互协调，才能健康完整。体育运动主要通过动作表现出来，而动作必须通过肌体活动的方向、力量、幅度、速度、频率等在一定时间和空间内出现。肌体运动的准确性、规范性必然是力与美的完美结合。当然，只有通过反复的实践，才能使各个动作联合成一个自动化的完美动作，从机械的模仿达到能动的创造，从而使力完善美、美显示力。美育渗透于体育之中，可以使学生认识到体育运动之于人的形体美和心灵美的意义，使学生体验到体育本身的艺术美，从而使他们在"爱美之心"的驱动下，在对运动美的感受中乐学爱做。

最后，美育对人的劳动可以起到美化的作用。人的劳动能力在一定条件下是一个相对确定的量，具有相同劳动能力的人，其劳动能力的发挥程度可能大不相同。人的劳动能力又是一种工具性的东西，它既可能用于善的目的，也可能用于恶的目的。人的劳动能力在生产劳动过程中发挥的程度如何，是用于善的目的还是用于恶的目的，很大程度上取决于人的道德素质的高低。美育作为完美人格的最基本的建构手段，能够"以美储善"，培养人的道德情操，陶冶人的美好心灵，促使人的道德素质获得全面而充分的提高。因此，美育在一定程度上也有助于人的劳动能力充分发挥，并运用于造福人类的劳动之中。

三、美育促进人的全面和谐发展

人的全面发展是指人本质的丰富和发展。人的本质需求大致包括肉体的和精神的，肉体的即为体力的，而精神则包括了感性和理性。人类向来崇尚理性，人类的精神活动也以理性为主宰，但不能由此否定人是感性的存在物，有着感性生命的要求。在人类漫长的进化过程中，人的感性生命在社会实践中不断受到理性的规范，不断积淀着社会文化的内容。如"食"上升为"美食"，"性"上升为"爱"，但是感性生命的性质是不可能从根本上改变的，人永远摆脱不了感性生命的要求。而美育则担负了提高人的感性的使命，不断地使人的感性具有人的本质。完善的人，应该是感性和理性相统一的和谐的人。智力水平和道德修养的提高使人趋向于理性的高度发展，但感性的丰富和生活热情的提高使人趋向于感性的高度发展，二者的结合才能达到人的完善。

智力和道德的提高要靠智育和德育，而感性的丰富和生活热情的提高要依赖于美育。美育本质上是一种情感教育。在审美过程中，美不是直接诉诸人的理智，而是诉诸人的情感。美的事物和美的形象将人们带到一种忘我的境界，并引发出各种丰富的情感反应，产生情感交流和共鸣，获得某种精神上的愉悦和满足，同时在美的熏陶和感染下，滤掉情感中的杂质，使情感纯洁和高尚起来。现在许多大学生心理迷茫、消极，甚至出现精神疾病以及人格分裂，究其根源就在于思想上的负担太重，学习压力、就业压力、情感压力太大……这一切都使青少年的生命力不能健康、蓬勃发展。而生命力对于人的重要性是不言而喻的。身体生命力不强，身体素质差，其生活、学习、工作都会深受影响；精神生命力不强，就会无精打采，老气横秋，死气沉沉，浑浑噩噩，缺乏朝气和活力，生活中缺乏快乐、缺乏幸福。所以，生命是否自由，生命力的大小、强弱，是一个人活得快乐与否、幸福与否、有没有意义的根本。而美育，正在于促进人的全面和谐发展，给生命以自由，给生命以力量，让生命的本质得以充分显现，让人生活得充实、快乐、幸福、有意义。

四、美育有助于中国梦的实现

中国梦，实际就是中华民族的复兴梦，是中华民族近代以来最伟大的梦想。具体表现是国家富强、民族振兴、人民幸福。中国梦是追求和平的梦，实现小康的梦，也是精神上追求幸福的梦、奉献世界的梦。幸福梦的方向就是让每个人都获得发展自我和奉献社会的机会，共同享有人生出彩的机会，共同享有梦想成真的机会。

要实现中国梦的伟大构想，提高人们的道德水平、净化人们的情感、协调人们的关系、升华人们的精神境界势在必行，而美育在这些方面都会产生积极的作用。通过审美教育，可以促进人与人、人与自然、人与物的和谐，人们懂得以审美的心态来对待所处环境，从而实现人与环境的和谐发展。此外，美育可以培养和发展人的审美直觉和想象力，激发和强化人的创造冲动，实现科学精神与人文精神的高度统一，从而促进社会物质文明和精神文明的共同发展。

第二节　新时代大学生美育的内容

有人说，美育是属于德育的一个部分，或者说美育是实施德育的工具；也有人说，美育是一种艺术教育，是关于唱歌、舞蹈、绘画等相关艺术技能的培养，还有人说，美育是一种情感教育，也有人说，美育是一种个体的审美心理构建的教育。

以上的各种说法都没错，但都稍带有以偏概全的色彩。美育和德育在性质以及各自社会功能上有着很大的区别，两者并不能等同或相互替代。德育在某种程度上或多或少以美育为手段，而美育也在一定程度上以德育为内容，两者之间有联系，但更多的还是区别，并不能画等号。

如果说美育是艺术教育，这其实是逻辑不通的。毋庸置疑，提到美育，人们很容易联想到音乐、美术等艺术学科门类，在具体的实施途径上势必要涉及到利用音乐、美术、舞蹈等艺术知识，但需要注意的是，我们可以说艺术是实施美育的一种重要途径，但并非唯一途径。美育的实施并不局限于艺术教育，我们可以说艺术教育是美育，但不能说美育就是艺术

145

教育，艺术教育仅仅只是美育的类别之一而已。

美育是情感教育吗？康德的哲学体系将人的心理分为"知""情""意"三个部分，并且认为美是专门研究情的部分。王国维和蔡元培等都直接受到这一思想的影响，将美育当作情感教育。但事实上，人的感受力、想象力、创造力等一系列人文素养也是美育的内容，情感教育仅仅是其中之一。说美育是个体的审美心理构建的教育，是实践美学对美育的看法，并且在当代比较流行。审美心理的构建，人性的完整与自由的实现，就是审美教育的实质，也是终极目的。

然而，审美教育终究不能包括美育，相反，它被美育所包含。

综合各家意见，美育是使主体在审美实践中，受美的陶养，逐步树立起正确的价值观，培养审美能力，进而建构起完善的审美心理结构，形成创造美的能力和自觉创造美的意识，并且最终使人格得以完善的过程，是素质教育的内容之一，也是辅助素质教育之中其他教育方式更好实施的重要手段，美育讲究情感性、趣味性、和谐性以及主动性。

美育从本质上而言属于一种情感教育，它的功能是塑造人们形成和完善优美、高尚、丰富的感情、趣味和心灵的精神境界。而美育这种特殊的职能就决定了开展美育教育绝非一朝一夕可以完成的事情，它一定是一件长线系统化、需要我们长期关注的学科。

美育过程中存在专门进行审美教育的课程，例如音乐和美术课程。但正如我们前面所提到过的，我们绝不能将美育和音乐、美术等艺术教育等同起来，美育的庞大系统绝不是仅靠几堂音乐、美术课可以包揽的。音乐和美术课程只是美育教育实施过程中的手段之一，它们是培养和树立学生形成审美意识、审美能力的重要方式。

在现实生活中，我们几乎随时随地都能感受到美的存在，只是感受的途径与方式会有所不同，或许是看到，或许是听到，或许是触及到或许是品尝到。也有通过想象和联想来体会到的，美学是体现人与世界的审美关系的一切审美活动，因为美的表现形式不同，并且人们欣赏美的方式方法和审美体验也各不相同，因此，美没有主体性，只有从属性，审美现象是审美关系的现实展开，所以美育的研究对象也是多样的，大致可分为以下几类。

一、自然之美

自然美有两种含义，一方面是指自然界中各种事物美的属性，另一方面是指事物与生俱来的美，自然美的最大特点即是单纯而本真，一般能给人以清新脱俗和朴素的印象，让人从中感受到天然之美的意趣。

自然之美既是各种美的基础，也是各种美创造的基本参照，自然美的内容是十分丰富多样的，其中既有各种事物形象，也不乏生活中的各类情境之美以及丰富的文化意象。

浩瀚的大海、辽阔的草原、蔚蓝的天空、明媚的阳光，这些都是自然之美的情境。例如春天的牡丹、夏天的荷花、秋天的落叶、冬日的梅花，它们既是自然美的事物形象同时又是兼具思想高度的文化意象，例如夏天的荷花，在暴烈的阳光下显得红绿相间光彩照人，这是夏荷作为自然角色之美，作为文化意象，它又给人以出淤泥而不染的清廉高洁之感，这是自然事物被赋予的思想升华。

二、生活之美

生活美是指人们为了满足日常的生活需要，通过劳动创造的一切物质存在所表现出的美。生活之美以服饰美和饮食美为基本内容，并以器物美和建筑美为重要研究内容。

生活美因涉及到人们最密切相关的生活而与人们的距离最近，所以它对人产生的影响精神刺激要比自然美更为直接和强烈，尤其是服饰美和饮食美。因此，塑造良好的自我形象与健康的饮食习惯有助于成就自我。

三、艺术之美

艺术美是以自然和生活为基础，通过对自然美和生活美的提炼升华而创造出的一种美。相对于自然之美而言，艺术美不仅融入了思想美的元素，更体现出了精神之美。因此，艺术之美不仅对人的审美影响积极强烈，更能鼓舞人的精神、增强人的信念等。相对生活之美而言，艺术美更具集中和典型，给予人的情感和精神影响更为强烈。

四、文字之美

文字是记录语言的符号，任何一种文字的创造都融入了人类的智慧沉淀。文字之美主要体现在两个方面：一是形体的图画美，另一方面是表意中渗透的内涵美。

五、辞章之美

辞章美有两大内容，一方面是指语言本身所具有的各种美的元素，包括音韵美、词意美与修辞美和语法美；另一方面是指各类以辞章的形式所包含的美，其中包括文学作品的思想美、形象美和意境美等元素。

2018 年，全国教育大会强调，"要全面加强和改进学校美育，坚持以美育人、以文化人，提高学生审美和人文素养"。推动新时代高校美育工作新发展，是我国高校"双一流"建设的基本内容，是落实"立德树人"根本任务的内在要求，是培养德智体美劳全面发展的社会主义建设者和接班人的重要途径。

第三节　新时代大学生美育的实践

《关于全面加强和改进学校美育工作的意见》明确要求，"职业院校要在开好与基础教育相衔接的美育课程的同时，积极探索开好体现职业教育专业和学生特点的拓展课程。普通高校要在开设以艺术鉴赏为主的限定性选修课程基础上，开设艺术实践类、艺术史论类、艺术批评类等方面的任意性选修课程"。这是从学校的角度保证了对大学生的审美教育的重视。

一、自觉加强对审美理论的学习

孔子说："兴于诗，立于礼，成于乐"。在他看来，一个君子的培养，要通过学习诗歌等文学作品来启发，并通过礼仪制度的学习塑造人格品性，掌握道德行为规范，最终才能成为君子。古代哲人对育人规律的总结非常值得深思和借鉴。审美理论学习是懂美的钥匙，审美理论主要包括美学理论基础、艺术理论与艺术史、其他审美常识三方面内容。美学理论基础使人们懂得美的原则、各类审美的范畴、美的存在形式、人类审美活动的过程以及人类为什么需要美和审美。艺术理论与艺术史是对艺术的介绍和解读。艺术活动是人类审美活动中最重要的组成部分，艺术欣赏需要一定的理论指导和知识积累。其他审美常识是指人们的衣食住行等社会实践活动中所涉及的审美常识，它们常常是文化史记载的内容。比如俄罗斯人不喜欢黄色，他们认为黄色表示忧伤、哀愁，是病态的不健康的颜色。而在中国，黄色则是黄皮肤、黄土地的颜色，"黄"和"皇"同音，是与皇权富贵紧密相连的，是深受人们喜爱的颜色。掌握这些民族文化历史方面的审美常识，对于审美活动是非常有帮助的。

二、注重自身审美情趣的养成

大学生首先要端正自身对美的认识，重视自身审美情趣的养成。正如罗素所说："生活中并不缺乏美，而是缺乏发现美的眼睛。"的确如此，美无处不在，美并不仅仅指一些大家名家的作品，而是存在于生活的方方面面。家庭、学校、商场、大街、公园、公司……花草树木、风雪雨雾、水土沙石、日月星辰……我们所处的生活环境、自然环境，所用的物品、精神食粮、艺术品等都是审美的客体。著名艺术家吴冠中曾谈到对高科技的审美感受，他说："在清华大学生物所看到那些细菌、病菌、蛋白质等各类原始生命状貌，放大后映在屏幕上，千姿百态、繁杂而具结构规律，仿佛是出人意料的抽象艺术大展，大都很美。"可见，浩瀚的宇宙奇观、奇妙的生命现象会增加大学生的学习兴趣。

审美活动是一个充满了情感、想象及个人感悟和理解的过程。面对相同的对象，不同的人审美感受是不同的。在日常生活中我们要加强自己的文化素养，自觉抵制一些不良观点和文化的侵袭，净化心灵，陶冶情操，做一个具有完美人格的人、一个富有审美情趣的人。

三、积极参加创造美的实践

审美创造是更深入的审美活动，是对美的事物诞生过程的深入体会。审美创造主要有两种形式：艺术创作和一般生活审美创造。艺术创作相对专业，作为文化修养较高的大学生，应该积极参加自己喜爱的文学活动，如写诗作文、绘画书法、歌唱跳舞、奏乐谱曲等。大学校园给学生提供了丰富多彩的创作空间，无论是正规的美育课堂还是趣味的课外社团，都是学生参与审美创造的良好场所，有助于大学生们在良好的审美氛围中进行审美体验和审美创造。

一般生活审美创造，几乎是人人都可以做到的。比如很多农村长大的孩子会用青草编成小狗小猫的模样，会用树叶吹曲子，相应的，心里就会有一种满足感、愉悦感，获得一种审美享受。美无处不在，创造美也是随处都可实现的。大学生活中的各种活动，包括军训、劳动、游戏、体育等，都是生命的一种体验，其本身就具备了审美创造的意味，只要用心，既可以从中获得审美的愉悦体验，也可以随时激发灵感，创造出美来。

从某种意义上讲，美育最终只能是一种自我教育，也就是说，无论群体、家庭、社会、环境给我们提供了怎样的美育条件，最终都要经过个人的自觉的审美活动来获得对美的理解。向往美，是人的天性，希望大学生都能不断加强审美的愿望和需要，不断加深审美修养的积淀，成为一个爱美、懂美、能美的当代青年。

黑格尔曾说："美的形象是丰富多彩的，而美也是到处出现的。人类本性中就有普遍的爱美的要求。"生活中无处不存在着美，社会进步凝聚着人们对美的追求。

（一）创造美好的环境

环境是我们日常生活中赖以生存的空间，它可以大至整个自然界与人类社会，也可以小至我们日常饮食起居中的一花一物。环境之美是成就美好生活的重要内容，因此，创造美的环境具有深远意义。

1. 创造美好环境的必要性

随着物质生活水平的提高和丰富，人们对于美好环境的追求便日益迫切。从宏观上而言，自然环境是人类依存的客观物质基础，人类依托于大自然的恩赐，在物质生活不断发展和完善的今天，保护环境，爱护自然，创造美好的生存空间成了人类社会发展的必要前提。环境美是生活美的重要组成部分，创设美好环境是人类生活追求付诸实现的必然选择，人的生活与环境息息相关，周围的环境中的一切随时随地都会对人的感官产生刺激，影响着生活中的细微情绪，从自己家居环境的美化到校园植被花草的美化，从城市布局规划到荒野山区的绿化改造，其意义都在于通过源头的环境改善来提高生活质量。

2. 创造美好环境的要求

对于个人的生活而言，房间干净整洁，物品摆放整齐，甚至家中养花种草来点缀居住空间，都能让人心情愉悦，神清气爽，有助于更好地投入到工作学习中。而公共场所的环境更是体现公共精神面貌的标志，街道整洁，绿树成荫，空气清新，鸟语花香，这样的环境无形中更能增添几分生活的幸福感。而拥有合理的布局设计可以很大程度上提高人们的生活便利，例如把居住与商业分开，社区与配套生活商圈的合理布局规划，工作场所、家庭居室和娱乐场所的空间也要合理规划，按功能进行区分，能更好地为生活生产服务。

3. 校园环境的美化

马克思说："人创造环境，环境同样也创造人。"校园是学生们学习和生活的重要场所，营造清新高雅的校园环境，能对学生起到"润物细无声"的陶冶作用，不仅要构建诗情画意的自然环境，还要营造励志文明的人文环境，这些是进行校园美化的基本要求。

在选址上，校园应当尽可能选址在清新幽静的自然环境中，以便让学生可以随处领略大自然的美。校园的建筑规划设置布局合理，环境整洁优美，随处遍布绿植鲜花，也有让人肃然起敬的雕塑，肃穆庄严的升旗台等等，以上元素能给校园带来缤纷异彩的参差美，同时还要注重营造具有发人深省的人文氛围，例如悬挂校训、教育标语、名人画像以及名人名言等，在校园橱窗展示相应时期的事迹与照片或作品等，定期更新，让学生在校园中实时可以接受到美的熏陶与鞭策。

在教室的美化中应当做到大方活力、窗明几净、桌椅整齐、色调和谐、光线充足，除了传统的张贴校训班训、名人画像等，还可以在讲台上设置一些花艺摆件，在教室的角落里设置一些绿色植被，或在走廊的窗边植入一些能够体现专业文化特色的动态，这样可以有序营造出活力的氛围，让学生在身心俱佳的环境中愉快接受知识。

4. 居家环境的美化

家是人们在工作、学习之余的归宿港湾，也是怡情养性、休憩身心的重要场所。家居环境的美化是家庭成员精神面貌与文化修养的体现，房子并不在于是否豪华，皆可以做到美化，我们应立足于实际情况，在经济适用的基础上做到追求艺术审美性，创造出符合自身审美意趣的生活环境。

首先应当保持居家环境的整洁，及时清扫房屋地面各个角落的尘污，定期清洗被褥餐具等生活物品，将它们放置整齐。布局的设计往往受到居家面积的限制，但只要布局合理，也能显得井井有条；因此，根据实际的房屋构造进行合理的布局，首先应当善于利用面积进行合理的分区规划。在实际条件允许的前提下，将房屋按照客厅、书房、卧室、餐厅等不同功能进行分区规划，各个不同的功能区域也要做到合理布局，对家具器皿的摆放追求合理考究，在不妨碍正常活动空间的前提下做到有序美观，若房子空间较小，也可考虑一室多用或一器多用，例如考虑折叠家居或组合家具等，在居室的有限空间里既显得方便又能做到空间的合理支配，一举多得。

居室的色调搭配，首先要满足人的心理适应平衡感，使人产生舒适的美感。在处理室内墙壁、天花板、灯具、家具以及配饰的色彩搭配关系时，要充分考虑其中的协调性，以达到心理上的美感平衡。在不同房间的搭配上也应符合其功能性，例如书房是用来阅读思考的，更适宜使用浅色系，而餐厅是用来分享美食的场所，可采用易激发食欲的亮色调，在居室的色系搭配中也应适当控制颜色的种类，不宜过花过杂，否则效果很容易适得其反。

在室内小物件装饰上，可以适当引入一些盆栽植物，为室内环境营造一抹清新，也可以根据个人的爱好摆设一些工艺品或典籍收藏等物件，营造高雅而富个性的居室情调之余还能彰显自己的美好生活意趣。

（二）塑造良好的个人形象

人是社会生活的主体，每个人都在不同程度上与他人发生着交集联系，仪表是一种无声的语言，它是我们在日常生活中向他人呈现的第一张名片。注重自身的仪表管理，不仅是自尊自爱的表现，更是尊重他人的体现。

仪表是指一个人所展现出的整体形象气质，因此仪表美其实是一个整体概念，它不仅包括形体容貌、行为举止，还包括服饰打扮等方面，形体容貌的美包括身材健美匀称，比例协调，五官端正，这种自然美是仪表美的基础。而通过服饰打扮等后天因素而形成的美是一种创造的美，它是仪表美的一个重要组成部分，但通过高尚的人格与良好的个人修养而形成的美是仪表美的本质与升华；外在美与内在美的协调统一才是完善的人格美，仪表美不仅是客观主体的外在表现，也是一个人的内在修养、品行道德甚至社会文明程度的重要体现，它们互为表里，缺一不可。

1. 形体之美的塑造

俗话说，爱美之心，人皆有之。每个人都对美好的形象有着或多或少的追求，虽说遗传因素对形体容貌有着重要的影响，但我们还是可以通过后天的体育锻炼、营养调理与情绪管理等因素进行改善。

美的形体容貌首先应当给人呈现的是健康的状态，加强体育锻炼不仅可以使我们的体质得以增强，还可以练就匀称的线条美，达到形体塑造的目的。在现代社会中，人们日渐充分地认识到锻炼身体对于体态塑造的重要意义，开始广泛地参加各种体育活动，而我们青年一代更应当抓住人生的黄金时期，提高对自身的要求，努力练就更加健康的体魄。

平衡饮食能够有利于改善皮肤和个人的精神状态，健康的肤质和红润的双颊胜过一切化妆品，随着生活水平的提高，人们对口味的追求日益浓烈，各种重油重味的食物越来越受到大家的欢迎，在我们追求各种丰富刺激口感之余，更重要的是应当不忘注重饮食的平衡性，多食用高蛋白低脂肪的食物，例如鱼虾、牛羊肉和各种蛋类和乳制品等，多食用富含丰富维生素的瓜果绿叶菜，切忌暴饮暴食，在享用美食的同时也要加强自身体育锻炼，防止身体因沉溺放纵而过度肥胖，影响心肺功能，要加强提高身体的新陈代谢能力。

2. 装饰之美的塑造

仪表美还体现在一个人的礼仪装饰、精神面貌上，它是最能直接反映人的审美品位以及形象气质的重要因素，对人际交往的第一印象起着不可忽视的重要作用。俗话说：人靠衣装马靠鞍，即使拥有再秀丽的面容，也少不了配饰和妆容的修饰来佐以映衬，有时我们可以依靠它们来补偿个人先天形象的不足，在视觉上起到突出优点弱化缺点的作用，还可以通过得当的点缀搭配，让个人的整体形象得到美化提升。

我们在日常生活中进行装饰搭配时，也要注意一些基本原则，以免背离装饰的初衷，造成不当效应。

首先在装饰时应得体适当，一个人的装饰选择应与她本人的年龄、职业、形体特征等因素相符，体现出一种和谐性。青年人应展示出自己的青春朝气，在装饰风格上应当简洁自然，大方而有个性；而中年人更适宜着装柔和追求品质，体现出优雅成熟的美感；老年人应力求稳健理性、舒适睿智。而着装与配饰和妆容之间也应当注意三者的协调性，小至色调、材质、形态、寓意等因素的统一性考量，营造出相得益彰的效果。再次就是要注重搭配的适度性原则，这就要求我们不论是在装饰品的种类还是装饰习惯上，都应当把握适度而大气的原则，装饰的目的在于对主体的点缀和提升，对个性的形象气质锦上添花，若过多过杂，反而容易造成庸俗浅薄之感。

3. 人格之美的塑造

人格之美的范畴比较宽泛，它不仅包含一个人的人品美德，还包含了人的举手投足间的微妙表情动作，甚至还包含一个人的言语行为。英国诗人雪莱曾说："道德的最大秘密就是爱；或者说，就是逾越我们自己的本性，而融于旁人的思想、行为或人格中存在的美。"我们应当追求把人格之美的塑造作为个人形象之美的根本。

人格之美首先是体现在人品之美，它是指一个人的品德、性格特征，人品美是心灵美的重要体现，从一定程度上反映着一个人的社会修养与素质高度。它最基本的要求是树立正确的价值观，以规范的道德要求去对自身行为予以约束。在社会生活中真诚友善地待人接物，更容易使人接受并能够同他人建立友好的社会关系，重利轻义、趋炎附势的精致利己行为是对自己社会形象的玷污和摧毁，我们在日常与人交往的过程中应当摒弃这种陋习，以谦逊有礼、自信大方的态度去社交，更能获得他人尊重，在社会生活中，学会多赞美他人，做到谈吐有节的说话，踏实靠谱的办事才能赢得真正的认可。好的人品还体现在不断的自省与自律，具备良好的人品道德离不开时常的自我反思与长期的严格自律，自律是一个人的道德意识高度自觉的体现，做到慎独、慎微，这样日复一日地坚持不懈，有助于成就一番事业。

人格美的第二个方面就是个人的表情举止，常言道：相由心生，一个人的面部表情状态也与个人的心理活动息息相关，因此，表情的管理也是形象之美的重要内容。面部表情是人的肢体语言中最为丰富的部分，它是人的内心活动情绪的直观流露，面部表情是一种无声的力量，它可以微妙地将我们的内心世界呈现出来，因此，我们在日常生活中也应当适当注意表情的管理。

我们常说，眼睛是心灵的窗户，眼神能够给人传递丰富的内容，在社交生活中，我们要学会用柔和的目光去待人接物，目光的聚集也体现着一个人细节处的素质修养。微笑是社交生活中不可或缺的重要表情符号，是一个人向他人表示亲切友善的通行证，它能给社会营造一种平和融洽的氛围，让人感到如沐春风。在生活中，我们应当努力做一个乐观积极、阳光自信的人，如果一个人总是抱怨生活和冷漠待人，就很难真诚地流露出笑容。生活中难免会遇到不顺的事，要学会控制自己的情绪，不要让负面情绪过多影响自己的生活状态。

言语行为之美是指一个人在社交生活中的言辞举止，它是内心世界的外在表现形式之一，也是社交生活中最重要的元素之一，一个人言辞的好坏不仅是情商高低的重要体现，也会对人际关系协调能力产生重要影响。言语之美的养成包含了语气、用词、逻辑性等多种因素，至少我们应当做到的是能保持语气温和、态度真诚的交流，给人呈现出一种温暖亲切之感，用词是指在表达内容上应当注意措辞谦逊而文雅，合理而适度，充分地尊重对方。而行为之美主要是反映在一个人的行为举止上，对于青年大学生而言，能够做到遵规守纪，爱护公物，积极维护集体形象，不做出危害社会公共秩序的行为，就是行为美重要的修行。言语行为之美不仅是一个人文明程度的重要体现，更是对一个人的道德素养、知识内涵的侧面检验。

千百年来，无数圣哲、英烈为家国天下之存亡、黎民社稷之安危，劳心焦思、上下求索，"先天下之忧而忧""位卑未敢忘忧国""天下兴亡、匹夫有责""人生自古谁无死，留取丹心照汗青""苟利国家生死以，岂因祸福避趋之"等名言广为传诵。如今，中国特色社会主义进入了新时代，我国发展站在新的历史方位。这意味着近代以来久经磨难的中华民族迎来了从站起来、富起来到强起来的伟大飞跃，迎来了实现中华民族伟大复兴的光明前景。同时，世界多极化、经济全球化、社会信息化、文化多样化深入发展，互联网、大数据、云计算、区块链、人工智能等新技术正在深刻改变着人类社会生活。当代青年处于千帆竞发、百舸争流的奋进时代，肩负着民族复兴的历史重任，代表着国家的前途、民族的希望。

德艺双馨，而垂世范。孟昭俊，1941年生于江苏沛县，现任沛县书法家协会名誉主席。他几十年如一日地醉心于书法艺术，不离砚边，终成气象；藏书万卷，读书万卷，而至于下笔便卓然不群，洒洒而有一种神韵；不论身处何时何地，即使功成名就也不忘为书法文化事业奉献力量，造福乡里，培育后学。

才华横溢，勤学好问。孟昭俊自幼熟读经典诗书，哲学、美学、历史等中外人文都手不释卷，这也成就了他诗书气质的融入。孟昭俊尤其善于与比自己写得好的人交流，后来写得比较好一些了，又和全国的名家广泛地交往，书艺大进。曾多次在国际绘画、书法艺术大展中获奖。

追求自然，兼顾古今。孟昭俊书法善篆隶楷行草，参加国展而又日日临习。孟昭俊追求传统，他认为虽然当下书法的流派及创作精彩纷呈，但是在年轻人、后来者学习书法的时候，还是要继承传统。得一点点地磨练，多思考，多向古人学习，多向大家请教，多看大型的展览，吸取有益的东西，这样才能不断地进步，这样学书才能成功。

"知责任者，大丈夫之始也；行责任者，大丈夫之终也。"孟昭俊善于提携后学，带出一大批学生，在他的指导下，学生们也都经常参加国家级的展览，成绩比较显著，不少已成为国家级会员。孟昭俊积极参加中国书协举办的展览，也鼓励其弟子积极响应国展，并积极投入家乡的汉文化建设事业之中。孟昭俊一直不遗余力地参与省市县内外文化交流活动，尤其是对刘邦家乡沛县汉文化历史的收集、整理、保护工作，徐州市和沛县汉城公园诸多匾联及歌风台东、西碑廊的碑匾楹联，多由他一手复写、题写或重刻。

广大青年学生要学习孟昭俊的家国情怀，做一个从容自信、眼光长远、格局广阔、情系苍生、心怀天下的人，做一个将个人学业、事业与国家、民族、人类命运紧密联系在一起的人，立身于德、立德于诚、立言于真、立功于实，勇立时代潮头，在奋斗中释放青春激情、追逐青春理想，以青春之我、奋斗之我为民族复兴铺路架桥，为祖国建设添砖加瓦，敢于担当，做新时代的大国青年。

2020年，一场突如其来的疫情打乱了所有人的脚步。抗击疫情不是一个人的努力，而是一群人的战斗。面对这场特殊的考验，新时代的中国青年深入基层，扎根群众，正在加速成长，他们用智慧与担当，为决胜全面建成小康社会、打赢抗击疫情阻击战贡献着蓬勃向上的青春力量。

北京大学药学院2017级直博生黄雨佳的家乡位于湖北省松滋市，也是经受疫情考验的重要地区。从身为感染科医生的父亲口中得知松滋市人民医院医护人员紧缺的情况后，黄雨佳主动向父亲"请战"。在向父母再三保证做好防护后，黄雨佳同父亲一起，走进了一线战场。在疫情初期，感染科室医疗物资紧缺，有的N95口罩得反复杀菌，使用三四次；医疗设备落后，新的设备到了之后得现学现用；病人的呼叫声、电话声、医护人员忙碌声此起彼伏。但从刚刚走进一线的忙乱，到日渐娴熟地应对各种挑战，黄雨佳从来没想过退缩。"父母都是医务工作者，再加上北大医学的知识储备，还有那么多逆行者榜样，所以我并不怎么害怕。"

一代人有一代人的使命，一代人有一代人的担当。时代赋予了青年学生如此重任，党和国家对青年学生寄予殷切期望，希望大家能够心系家国，明确使命，勇于担当，正确认识世界和中国发展大势、正确认识中国特色和国际地位、正确认识时代责任和历史使命、正确认识远大抱负和脚踏实地，把远大抱负落实到实际行动中，让勤奋学习成为青春飞扬的动力，让增长本领成为青春搏击的能量。

当代青年建功立业的舞台空前广阔、梦想成真的前景空前光明。从我做起，从现在做起，从小事做起，在日常的生活、学习、工作中，不满足于个人成就的取得，不止步于个人目标的实现，在关注自我的同时拥有更加豁达的情怀；不回避眼前的困顿，不逃避长远的问题，在认定方向的同时拥有更加负责任的态度，担当起国家发展、民族进步、人民幸福的历史使命，为中国梦的实现添砖加瓦，这就是人格之美的最好诠释。

实践方案

活动一：弘扬社会主义核心价值观
——"中华传统美德格言"书法比赛

【实践目标】

举办"中华传统美德格言"书法比赛，鼓励大学生收集和整理中华民族优秀传统美德格言，并理解其中蕴藏的精神财富。

【实践方案】

1. 活动时间：比赛时间为2学时，收集整理格言时间可为业余时间。

2. 活动地点：教室。

3. 活动方式：书法比赛。

4. 活动流程：

（1）利用课余时间，收集整理若干中华传统美德格言，每人至少准备一则。

（2）课前准备好书法工具，如毛笔、墨、宣纸等；如书写硬笔书法，需准备钢笔、纸等。

（3）在课上同学们书写自己准备好的格言。

（4）将写好的作品在班级内展示。

（5）集体评议选出优秀作品。

【实践评价】

根据书法作品的质量，评定同学们的实践分数。

计分表

评分项目	分值	得分
格言是否得当	20	
书法作品的意境	20	
书法作品的基本功	30	
书法作品的布局	30	

【参考资料】

中华传统美德格言

1. 天下兴亡，匹夫有责。

——顾炎武

2. 位卑未敢忘忧国。

——陆游

3. 人生自古谁无死，留取丹心照汗青。

——文天祥

4. 捐躯赴国难，视死忽如归。

——曹植

5. 先天下之忧而忧，后天下之乐而乐。

——范仲淹

6. 古之立大事者，不惟有超世之才，亦必有坚忍不拔之志。

——苏轼

7. 志当存高远。

——诸葛亮

8. 有志不在年高，无志空长百岁。

——石成金

9. 非淡泊无以明志，非宁静无以致远。

——诸葛亮

10. 志小则易足，易足则无由进。

——张载

11. 不为穷变节，不为贱易志。

——桓宽

12. 疾风知劲草，板荡识诚臣。

——李世民

13. 出淤泥而不染，濯清涟而不妖。

——周敦颐

14. 名节重泰山，利欲轻鸿毛。

——于谦

15. 粉身碎骨浑不怕，留得清白在人间。

——于谦

16. 与朋友交，言而有信。

——孔子

17. 言必信，行必果。

——孔子

18. 与人善言，暖于布帛；伤人以言，深于矛戟。

——荀子

19. 以爱己之心爱人，则尽仁。

——张载

20. 老吾老，以及人之老；幼吾幼，以及人之幼。

——孟子

活动二："清理白色垃圾建设美丽中国"公益活动

【实践目标】

通过开展清理白色垃圾活动，增强同学们保护环境的意识，从而深刻理解建设美丽中国的重要性和主要路径。

【实践方案】

1. 活动时间：2—3小时。

2. 活动地点：白色垃圾较多的公共场所。

3. 活动方式：公益活动。

4. 活动流程：

（1）组织学生到白色垃圾较多的场所，如旅游景点、街道旁、学校附近小区等。

（2）全班学生分成若干组，3—5人一组，相互配合，共同清理白色垃圾。

（3）做环保知识的宣传。

（4）撰写一篇800字以上的活动感受。

【实践评价】

根据学生在实践活动中的表现及活动感受的撰写情况，评出分数。

计分表

评分项目	分值	得分
清理白色垃圾情况	50	
宣传环保知识情况	20	
撰写活动感受情况	30	

【参考资料】

建设美丽中国意义重大

党的十九大报告对生态文明建设进一步强调指出，将"美丽"二字写入社会主义现代化强国目标，将"坚持人与自然和谐共生"作为新时代坚持和发展中国特色社会主义的十四条基本方略之一，意味着我国"五位一体"的总体布局更加全面，标志着我们党对中国特色社会主义的认识更加成熟、更加定型。美丽中国是生态文明建设的目标要求，生态文明建设是建设美丽中国的必由之路。大力推进生态文明建设，建设美丽中国意义重大。

从理论意义上来讲，推进生态文明建设，建设美丽中国是我们党对经济发展与资源环境关系问题所取得的最新理论成果。

一方面，坚持人与自然和谐共生，是我们党在对社会主义现代化建设实践和认识的基础上，在深刻把握经济社会可持续发展规律、自然资源永续利用规律和生态环保规律的基础上，在经济快速发展而资源环境代价过大的严峻现实中，在破解人与自然日益突出的尖锐矛盾中，加以提炼和概括的最新理论成果，标志着我们党对中国特色社会主义建设规律认识达到新的水平。另一方面，十九大报告指出，我国社会主要矛盾已经转化为人民日益增长的美好生活需要和不平衡不充分的发展之间的矛盾。这一判断，一部分原因也是因为在我国多年的经济高速发展过程中，由于发展不平衡不充分导致环境保护不力、生态环境破坏，人民群众对良好生态环境的需求得不到满足的反映。必须把生态文明建设融入到经济建设、政治建设、文化建设、社会建设全过程和各方面，才能更好地坚持和发展中国特色社会主义。

从实践意义上来讲，推进生态文明建设，建设美丽中国为实现人与自然和谐共生提供了根本遵循和行动指南。

生态环境没有替代品，用之不觉，失之难存。在生态文明建设上，第一，要树立大局观、长远观、整体观。正如十九大报告所要求的那样，必须树立和践行绿水青山就是金山银山的理念，像对待生命一样对待生态环境，统筹山水林田湖草系统治理。第二，要实行最严格的生态环境保护制度。第三，要形成绿色发展方式和生活方式，走生产发展、生活富裕、生态良好的文明发展道路，这是发展观念的一场深刻革命。

从世界意义上来讲，推进生态文明建设，建设美丽中国是我们党为全球生态安全做出的重大贡献。

"天人合一""道法自然"等强调人与自然的和谐相处的观念与"数罟不入洿池""斧斤以时入山林"等尊重自然规律的行事法则自古以来就渗透在中华民族的思维观念中。中国传统的生态文明观念既为中华民族生生不息、发展壮大提供了丰厚滋养，也为人类文明进步做出了独特贡献，是全世界共有的精神财富。从我国的发展道路来看，我们是在推进工业文明进程中建设生态文明，在发展中不断总结与反思，坚持走以信息化带动工业化，以工业化促进信息化，走科技含量高、经济效益好、资源消耗低、环境污染少、人力资源优势得到充分发挥的新型工业化道路，坚持人与自然和谐共生，这既是中国生态文明建设的特色，也是对人类社会文明进程的有益尝试。从世界发展进程来看，我国是最早提出并实施可持续发展战略的国家之一，我国的生态文明战略深刻把握了世界发展的绿色、循环、低碳新趋向，是对可持续发展的拓展和创新，拓展了发展中国家走向现代化的途径，给世界上那些既希望加快发展又希望保持自身独立性的国家和民族提供了全新选择，为解决全人类的发展问题贡献了中国智慧和中国方案。在解决国内环境问题的同时，我国也积极参与全球环境治理，引导应对气候变化国际合作，成为全球生态文明建设的重要参与者、贡献者、引领者。

生态文明建设功在当代、利在千秋，建设生态文明是中华民族永续发展的千年大计。十九大报告对于生态文明建设的高度重视，表明我国生态文明建设将迎来新的战略机遇，中国也将走向世界舞台中央，不断为人类做出更大贡献。

第十章 新时代大学生的"劳"

　　劳动是推动人类社会进步的根本力量，是实现人健康成长的重要基础。中共中央、国务院发布的《关于全面加强新时代大中小学劳动教育的意见》，落实全国教育大会精神，强调坚持立德树人，坚持培育和践行社会主义核心价值观，必须把劳动教育纳入人才培养全过程，把劳动教育与德育、智育、体育、美育有机渗透，对于确保我国教育的社会主义方向，贯彻党的教育方针，培养和造就社会主义事业建设者和接班人具有十分重要的意义。

第一节 新时代大学生劳动技术教育的意义

　　劳动教育是中国特色社会主义教育制度的重要内容，直接决定社会主义建设者和接班人的劳动精神面貌、劳动价值取向和劳动技能水平。长期以来，各地区和学校坚持教育与生产劳动相结合，在实践育人方面取得了一定成效。同时也要看到，近年来一些青少年中出现了不珍惜劳动成果、不想劳动、不会劳动的现象，劳动的独特育人价值在一定程度上被忽视，劳动教育正被淡化、弱化。对此，全党全社会必须高度重视，采取有效措施切实加强劳动教育。

　　近年来，一些青少年中出现了不珍惜劳动成果、不想劳动、不会劳动的现象，劳动的独特育人价值在一定程度上被忽视，劳动教育正被淡化、弱化。为构建德智体美劳全面培养的教育体系，中共中央、国务院日前印发《关于全面加强新时代大中小学劳动教育的意见》。从本期开始，我们刊发系列评论文章，呼吁将劳动教育纳入人才培养全过程，促进学生形成正确的世界观、人生观、价值观。

新时代强调加强劳动教育，主要出于两大背景要求。一是贯彻落实新时代党和国家对劳动教育的新要求：2018 年 9 月，全国教育大会上明确提出将劳动教育纳入社会主义建设者和接班人的总体要求，强调"五育"并举，将劳动教育纳入全面培养人的教育体系，极大强化了劳动教育的地位。《意见》的出台具有顶层设计的意义，明确了新时代开展劳动教育的方向。二是当前劳动的育人功能亟待加强：在学校课程的实施中，劳动教育被严重弱化，常常出现"口头上重视、课程上淡化"的情况；劳动教育缺乏应有的学科地位、课程地位，内容大多以活动的方式呈现。另外，社会和家庭对劳动教育在人的全面发展中的重要意义普遍认识不足，导致一些青少年身上存在不珍惜劳动成果、不想劳动、不会劳动的现象，与社会主义建设者和接班人的培养要求有较大差距。

一、劳动教育是实现为国育才、为党育人的主要路径

教育是国之大计、党之大计。《意见》开篇阐明了劳动教育的重要意义："劳动教育是中国特色社会主义教育制度的重要内容，直接决定社会主义建设者和接班人的劳动精神面貌、劳动价值取向和劳动技能水平。"青少年阶段是一个人世界观、人生观、价值观形成的关键时期，通过劳动教育来促进个体素质全面发展，厚积正确的价值观念、必备品格和关键能力，融通生发，必然有助于培养社会主义现代化建设所需的创新型、复合型、应用型人才。新时代下劳动教育在实施人才强国战略、补齐素质教育短板、提高人才培养规格、优化劳动力结构、将人口资源优势转化为人才资源优势、增强在国际各领域的竞争力、推进社会主义现代化强国建设等方面，具有无可替代的重要作用。这是开展劳动教育、提升人才整体素质的出发点和归宿。

二、劳动教育是实现个人幸福完整生活的重要载体

《意见》提出了"围绕培养担当民族复兴大任的时代新人，着力提升学生综合素质，促进学生全面发展、健康成长"的基本原则。人的本质是社会关系的总和，人在劳动中创造财富、实现价值、体验幸福。"新教育"倡导"过一种幸福完整教育生活"的价值理念，这与全面发展的教育观念是一致的。生态化的"完整"，是核心素养充分发展后的综合表现；高层次的"幸福"，是生命深刻体验后的价值升华。只有通过劳动教育，才能在系统的课程、活动、评价中培育社会责任感、实践能力和创新精神等素养；只有通过劳动教育，才能在爱劳动、乐劳动、会劳动中实现成就自我、热爱人民、报效国家、奉献社会的人生价值。这是开展劳动教育、促进人的全面发展的逻辑起点。

三、劳动教育是促进教育更加公平、更高质量发展的关键所在

教育公平是社会公平的重要基础，是国家教育政策的基本价值取向。只有实现了高层级的教育公平，才能拥有高规格的教育质量。当前，人民群众对更高水平、更高质量、更加多样的教育需求与不平衡不充分的教育发展现实之间的矛盾日益凸显。《意见》正视教育发展矛盾，从劳动教育体系、实践活动、支持保障能力等方面提出策略和举措，以劳动教育发展素质教育，以素质教育促进教育公平，以教育公平促进社会公平正义。通过全面实施劳动教育，把更多的社会资源转化为育人资源，让学生更加公平地共享教育资源；以劳动教育为支点，提升树德、增智、强体、育美的综合育人价值，让每一个学生在教育过程中得到充分发展；尊重学生个体差异，坚持因材施教，以劳动教育满足学生个性化发展需求，继而满足更加多元的教育需求，形成人适其性、人尽其才的发展局面。这是开展劳动教育、推进教育内涵式发展的关键所在。

四、劳动教育是深化课程改革、提升育人水平的有力推手

当前，教育改革正处于关键期，面对提高全体国民素质和人才培养质量的时代要求，基础教育领域要从底部发力，全方位落实《意见》精神，以劳动教育推进课程改革、优化育人方式、提高教育质量。全面实施劳动教育，充分利用各种资源，调动学校、社会、家庭协同育人。推进劳动教育跨学科、跨领域、跨学段深度融合，推动基于真实情境、问题解决的教学变革，实现深度学习，促进终身学习。以劳动素养为主要内容，完善考试、评价招生制度改革，倒逼课程改革，提升育人质量。借助互联网、大数据、云计算、区块链等技术，拓展劳动教育空间，通过做中学、做中思、做中知、做中获，培育学生实践创新能力。这是开展劳动教育、推进育人方式改革的价值取向。

五、劳动教育是聚力破解难题、推进健康发展的现实需要

劳动教育是基于人、培养人、发展人的基础力量，是培养新时代社会主义建设者和接班人的应然需求。通过丰富课程内容、探索实施路径、拓展活动领域、创新评价机制，取得了一些成效，但与教育现代化发展要求相比，还存在诸多矛盾和问题，如因社会忽视、家长轻视、学生漠视而导致劳动教育异化的问题，因机制体制制约、经费人员保障不足而导致劳动教育弱化的问题，因基地、场所、设备缺乏而导致劳动教育淡化的问题，因课程资源单一、专业师资不足、督导评价不强而导致劳动教育虚化的问题，等等。《意见》的出台与实施，引起全党全社会高度重视，通力破解制约难题，推进劳动教育健康有序发展。

在德智体美劳全面培养体系中，劳动教育具有更基础、更基本、更"原初"的意义和价值，劳动可以树德、劳动可以增智、劳动可以强体、劳动可以育美。

第二节　新时代大学生劳动技术教育的内容

劳动教育是中国特色社会主义教育体系的重要组成部分，是实现立德树人根本任务的重要要求。加强劳动教育关键在于把握规律、体现时代性、富于创造性，科学谋划、优化协调、精准高效、扎实推进。

2018 年 9 月 10 日，全国教育大会在北京召开。大会提出要努力构建德智体美劳全面培养的教育体系，形成更高水平的人才培养体系。"劳动教育"被重新纳入教育方针，再现了"五育并举"的格局。"劳动教育"的提出并不是一个新问题，新中国成立后，从历次教育方针的表述中都可以看出我国对劳动教育的重视。然而，每一时期对劳动教育的理解及其意涵都有不同。

一、新中国成立初期的劳动生产教育期（1949—1965 年）

这一时期的教育方针主要关注学生的体力劳动教育。具体的教育方针表述为："教育必须为无产阶级政治服务，教育必须同生产劳动相结合，使受教育者在德智体几方面都得到发展，成为有社会主义觉悟的有文化的劳动者。"这里明确要求教育必须同生产劳动相结合。从总体上看，这一时期的教育方针从内容构成看是较为全面的，为后来教育方针的演变奠定了基础。

二、"文革"十年劳动教育的畸变期（1966—1976 年）

这一时期受"左"的思想指导，教育方针被扭曲。其中关于"教育与生产劳动相结合"被教条式地理解贯彻，甚至将教育等同于生产劳动，在教育实践中片面强调"在斗争中长才干，实践中学真知"，忽视书本知识的学习，强调"实践第一"，把重视知识学习当成"智育第一""业务挂帅""读书做官"来批判。将教育要培养的"劳动者"片面看成了体力劳动者。在"文革"开始的 1966 年，就规定学生每年要参加工农业生产劳动，要学军事和参加社会阶级斗争，1966 年的学生一律提前毕业，到三大革命运动中去锻炼、改造，长期地无条件地与工农兵相结合。知识青年要到农村去接受贫下中农的"再教育"，随后教育领域正常的招生就中断了。这使得几乎整整一代人失去了学习知识的最佳时机，也造成了后来的"人才断层"。

三、对劳动教育的积极探索期（1977 年—20 世纪 80 年代）

这一时期党和国家对"文革"时期的教育方针进行了重新审视，并在整个 80 年代对教育方针进行了积极探索。如 1977 年，党的十一大报告对劳动教育提出，要贯彻落实毛主席的"教育必须为无产阶级政治服务，必须同生产劳动相结合"，"使受教育者在德育、智育、体育几方面都得到发展，成为有社会主义觉悟的有文化的劳动者"。1981 年，党的十一届六中全会通过的《关于建国以来党的若干历史问题的决议》中关于劳动教育的表述为："坚持德智体全面发展、又红又专、知识分子与工人农民相结合、脑力劳动与体力劳动相结合的教育方针。"1982 年，第五届全国人民代表大会第五次会议通过的《中华人民共和国宪法》提出："国家培养青年、少年、儿童在品德、智力、体质等方面全面发展。"虽没有明确提出劳动教育，但本次会议再次明确强调人的"全面发展"。

四、劳动教育的重大发展期（20 世纪 90 年代以后）

这一时期党的教育方针逐步确立，关于教育方针在历次会议中都有表述。1990 年，李鹏在政府工作报告中指出："继续贯彻教育必须为社会主义现代化服务，必须同生产劳动相结合，培养德、智、体全面发展的建设者和接班人。"1990 年 12 月 30 日，党的十三届七中全会通过的《中共中央关于制定国民经济和社会发展十年规划和"八五"计划的建议》中提出："……教育与生产劳动相结合，德智体全面发展的方针。"1993 年 2 月

13 日，中共中央国务院印发《中国教育改革和发展纲要》，提出"……必须坚持教育为社会主义现代化建设服务，与生产劳动相结合……"1995 年3 月18 日，八届人大三次会议审议通过《中华人民共和国教育法》，提出："教育必须为社会主义现代化建设服务，必须与生产劳动相结合，培养德、智、体等方面全面发展的社会主义事业的建设者和接班人。"1999 年6 月13 日，中共中央、国务院颁布《关于深化教育改革，全面推进素质教育的决定》，提出："要加强和改进对学生的生产劳动和实践教育，使其接触自然、了解社会，培养热爱劳动的习惯和艰苦奋斗的精神。"党的十六大报告指出：教育"与生产劳动和社会实践相结合，培养德智体美全面发展的社会主义建设者和接班人……"在强调教育与生产劳动相结合中增加了"社会实践"，体现了对马克思主义关于教育与生产劳动相结合思想认识的深化，也更加符合时代要求。2010 年，新世纪以来的第一次全国教育工作会议召开之前，中共中央、国务院印发了《国家中长期教育改革发展规划纲要（2010—2020 年）》，提出教育"与生产劳动和社会实践相结合，培养德智体美全面发展的社会主义建设者和接班人"。

新时代劳动教育的价值重新彰显，且被赋予了新的内涵。这次教育大会充分肯定了"劳动教育"的重要意义，"要在学生中弘扬劳动精神，教育引导学生崇尚劳动、尊重劳动，懂得劳动最光荣、劳动最崇高、劳动最伟大、劳动最美丽的道理，长大后能够辛勤劳动、诚实劳动、创造性劳动"。将劳动教育重新纳入党的教育方针，倡导德智体美劳全面培养，是对关于人的全面发展这个马克思主义基本观点的回归，是对教育与劳动教育相结合这一根本途径的坚守和发展。加强劳动教育是各级各类学校培养德智体美劳全面发展的建设者和接班人的首要途径，是贯彻落实社会主义核心价值观总体要求和立德树人根本任务的现实需要，是纠正当下家庭溺爱子女、学校劳务全盘外包、劳动教育不受重视等现象，培养学生吃苦耐劳精神的必然要求，是改进和加强教育工作的重点领域。

对劳动教育的重提和强调，一方面折射出党和政府对于劳动教育的高度重视和严肃对待，另一方面也映射出劳动在教育场域中被边缘化的窘境。审视当前的劳动教育，可以看到：由于对"劳动"概念存在种种误读，劳动教育被误读为技艺学习、休闲娱乐、惩罚手段，劳动教育的种种价值畸变表征，遮蔽了劳动教育的本真意蕴。新时代的劳动教育，强调对学生劳动观念、劳动意识和劳动习惯的培养。学校教育需要把握学生在未来工作和生活中必备的基本劳动素养、劳动品质和劳动习惯，通过学校各类实践活动让学生充分体验劳动过程，培养学生成为尊重劳动、热爱劳动和以劳动为荣的社会公民。

劳动教育不只是劳动技能的培养，更是一种意识养成教育。2016 年 9 月 13 日，《中国学生发展核心素养》发布，突出强调了学生劳动意识的培养。核心素养以培养"全面发展的人"为核心，在"社会参与"中的"实践创新素养"中明确提出了"劳动意识"这一基本要点，即尊重劳动，具有积极的劳动态度和良好的劳动习惯；具有动手操作能力，掌握一定的劳动技能；在主动参加的家务劳动、生产劳动、公益活动和社会实践中，具有改进和创新劳动方式、提高劳动效率的意识；具有通过诚实合法劳动创造成功生活的意识和行动等。

劳动意识的养成，应加强劳动教育与学生现实生活及现代社会实际的密切联系，立足于现实生活，激活学生自主发展的"活性因子"，使学生通过生活学习劳动，其最终目的是通过劳动让人人过有尊严的幸福生活，创造生活、美化生活、开拓生活。

劳动教育不妨从家务劳动开始。2015 年 7 月 24 日，教育部、共青团中央和全国少工委联合发布《关于加强中小学劳动教育的意见》，明确指出劳动教育是一门课程，一种实践活动，在校内表现为一种兴趣小组，在社会泛化为公益劳动，在家里落实为家务劳动。将劳动教育融入家庭生活中，让孩子主动参与一些力所能及的劳动，如铺床叠被、洗衣炒菜、收拾衣（鞋）柜、清洗被子、家庭大扫除等家务劳动，不仅能够提升孩子的生活自理能力，在体验劳动乐趣中增强生活的自信，而且可以加深对家庭的认同感和归属感，融洽与家人的关系。

2020 年 3 月 26 日，中共中央、国务院《关于全面加强新时代大中小学劳动教育的意见》（以下简称《意见》）正式发布，对切实加强新时代大中小学劳动教育做了顶层设计和全面部署，意义重大，影响深远。

准确把握新时代劳动教育的基本内涵，是加强新时代劳动教育的关键，是贯彻落实好《意见》精神的根本出发点。

第一，《意见》对劳动教育的定位兼顾了个体发展和国家发展的双重意义，推进新时代劳动教育，不仅应强调通过辛勤劳动磨炼学生意志，还应从为国家、民族发展培养高素质劳动者大军的高度，充分认识诚实劳动，特别是创造性劳动的价值；不仅应重视勤俭、奋斗等劳动精神培养，还应重视社会主义劳动观念的塑造和劳动技能水平的提高。

第二，紧扣《意见》对劳动教育内涵目标的重要阐述。在劳动教育的价值取向上，《意见》从社会主义建设者和接班人的劳动精神面貌、劳动价值取向和劳动技能水平三个方面进行了全面定位。这里要特别注意对劳动精神面貌、劳动价值取向和劳动技能水平"三位一体"的系统性、整体性要求，既不能把新时代的劳动教育片面理解为对劳动精神面貌、劳动价值取向的教育，而忽略劳动技能水平的培养，更不能把劳动教育"窄化"为劳动技能水平培养，忽略学生劳动态度、劳动品德、劳动价值观的塑造。在劳动教育的目标要求上，《意见》明确指出，要"通过劳动教育，使学生能够理解和形成马克思主义劳动观，牢固树立劳动最光荣、劳动最崇高、劳动最伟大、劳动最美丽的观念；体会劳动创造美好生活，体认劳动不分贵贱，热爱劳动，尊重普通劳动者，培养勤俭、奋斗、创新、奉献的劳动精神；具备满足生存发展需要的基本劳动能力，形成良好劳动习惯"，要"着重引导学生形成马克思主义劳动观，系统学习掌握必要的劳动技能"，要"强化诚实合法劳动意识，培养科学精神，提高创造性劳动能力"。在劳动教育的宣传导向上，《意见》提出，要解决青少年"不珍惜劳动成果、不想劳动、不会劳动""不尊重普通劳动者"等问题，要"鼓励和支持创作更多以歌颂普通劳动者为主题的优秀作品，大力宣传辛勤劳动、诚实劳动、创造性劳动的典型人物和事迹，弘扬劳动光荣、创造伟大的主旋律，旗帜鲜明地反对一切不劳而获、贪图享乐、崇尚暴富的错误观念"。可见，《意见》始终是从劳动精神面貌、劳动价值取向、劳动技能水平的"三位一体"，从辛勤劳动、诚实劳动、创造性劳动的"三位一体"来建构新时代劳动教育体系，引导学生爱劳动、会劳动，珍惜劳动成果、尊重劳动者，形成劳动最光荣、劳动最崇高、劳动最伟大、劳动最美丽的价值观。这些要求是完整的、一体的，缺一不可；劳动教育的价值，与德智体美四育一样，都要聚焦并服务于立德树人、培养"又红又专"、全面发展的社会主义建设者和接班人的教育目标与任务。

第三，紧扣新时代新劳动的基本特点。新时代的劳动教育是新时代产业新业态、劳动新形态下的劳动教育。《意见》将"体现时代特征"确立为新时代劳动教育的基本原则之一，要求"适应科技发展和产业变革，针对劳动新形态、注重新兴技术支持和社会服务的新变化。深化产教融合、改进劳动教育方式"。这不仅仅是一个改进劳动教育方式的问题，还是一个解释好信息化人工智能时代劳动价值的问题。要教育青少年认识到，新时代工作的数字化、网络化只不过使人类的劳动方式、劳动领域、劳动岗位发生了新的变化，但人的劳动精神和很多劳动技能仍是人机协同、智慧劳动、创造性劳动的重要基础，仍然弥足珍贵。人机合作意识与能力、数字化知识与数据处理能力、互联网思维和全球化理念、创新和终身学习观念与能力，都应成为新时代劳动教育着力培养的观念与能力。这样才能突出劳动教育的时代特色，使劳动教育与时俱进、入脑入心。

劳动教育主要包括以下几个方面的内容。

（一）劳动观教育

劳动观是指人们对劳动的根本看法和态度，是人们世界观和人生观的重要组成部分。通过教育，引导学生深刻认识劳动的意义，树立科学的劳动态度。

（二）劳动品质教育

即热爱劳动和劳动人民的教育。通过教育，引导学生热爱劳动，热爱劳动人民，珍惜和爱护社会财富，反对一切不劳而获、挥霍浪费的思想和行为。

（三）劳动知识和技能的教育

包括劳动技术教育、劳动法律法规教育及劳动能力的培养。通过教育，帮助学生了解劳动知识及技能，掌握劳动本领。

（四）劳动习惯的教育

即日常的劳动生活锻炼。通过有组织地安排日常生活劳动如义务植树、打扫卫生、勤工俭学等，引导学生自觉地参加各类劳动，养成良好的劳动习惯。

第三节　新时代大学生劳动技术教育的实践

《意见》把育人导向作为劳动教育的首要原则，对新时代劳动教育做了顶层设计和全面部署，意义重大，影响深远。《意见》指出，要"坚持党的领导，围绕培养担当民族复兴大任的时代新人，着力提升学生综合素质，促进学生全面发展、健康成长。把准劳动教育价值取向，引导学生树立正确的劳动观，崇尚劳动、尊重劳动，增强对劳动人民的感情，报效国家，奉献社会"，指明了劳动教育育人的战略导向、认知导向、情感导向和实践导向。准确把握育人导向，对坚持党的教育方针、切实开展好劳动教育具有重要意义。

劳动教育是素质教育极其重要的组成部分。国家新课程实施以来，劳动教育作为综合实践活动课程内容之一，在课程的理念、目标、内容、方式上与以前的劳动教育有很大区别，更关照学生的生活现实，关切学生的发展与未来，更具有现代性、世界性。该课程立足于时代的发展，强调劳动教育中学生丰富的情感体验，强调学生劳动观念、劳动态度、劳动习惯

175

的养成，以关注学生发展为本，以劳树德、以劳增智、以劳健体、以劳益美、以劳促成实践与创新能力的培养，主张教育的多途径实施与多学科渗透，这些课程理论为学校的具体教育实施提供了指导依据。

一、社会实践

大学生社会实践作为一种育人的重要手段，近年来得到各学校的重视和学生的欢迎。学生通过开展社会调查、科技服务等活动，深入社会，接触工农，实现理论与实践的统一，知与行的统一。社会实践已成为劳动教育中最有效的途径之一。

二、校园文明建设

校园文明建设是高校学生思想政治工作的有效载体。通过邀请劳动模范作报告、组织义务劳动、文明班级和文明宿舍评比、学生评奖评优等活动，提高大学生的劳动意识，调动大学生的劳动积极性，达到劳动教育的目的。

三、日常生活劳动

如个人生活料理，校园及宿舍卫生清扫，公益劳动等，为学生掌握劳动技能、培养劳动知识等发挥着积极作用。

四、专业劳动

对于有条件的院校或系科，在劳动教育中还要开设专业劳动课程，分散或集中安排专业劳动，并作为一门必修课进行考核，如农业院校一般开设农事操作课。这些学生通过参加专业劳动，有助于巩固专业思想，培养实际动手能力。

五、志愿服务

志愿服务是一种非政府性质的组织行为和服务行动，是民间组织或个人利用自己的知识、体能、技能或财富，通过行动去促进和发展社会事业，或帮助有需要的社会群体及个人，集中体现为人道主义的奉献精神。志愿服务是一种既包含理念和精神层面内容，也包括具体实务活动的社会公益活动。

在进行劳动技术教育的过程中应注意以下几个方面。

第一，推进劳动教育与思想政治教育相结合。在"三全"中实现劳动教育与思想政治教育相协调、相衔接、相一致，特别是用好思想政治理论课教学这个主渠道、主阵地，让马克思主义劳动观进课堂、进头脑、进心灵，通过铸魂育人；在课堂教学中，注意讲劳模、劳模讲，思想政治理论课教师在学理层面深度研究和阐释新时代劳模精神，聘请全国著名劳动模范进课堂讲劳动、劳动模范、劳模精神，让受教育者对劳动、劳模、劳模精神产生敬意。

第二，推进劳动教育与专业教育相结合。严格地讲，劳动教育与专业教育在过程和目标上都具有内在统一性。在专业课程中自觉强化劳动导向，自觉融入劳动要素，构建具有本专业特色的劳动教育价值体系。同时，注意加强专业教育中劳动知识的传授和劳动技能训练，培养劳动精神、劳模精神、工匠精神。

第三，推进劳动教育与实习教育相结合。在学校教育中，注意统筹校内和校外、课堂和实践两种教学方式、教学环节，引导受教育者在实习、实训、考察、调研中，走进生产劳动一线、企业、社区、乡村，同广大普通劳动者交往、交流、交心，加深与普通劳动者的感情，拓展劳动知识，提升劳动技能，养成劳动自觉，干一行、爱一行、专一行，在平凡的劳动岗位上做出不平凡的事业，从而为走入社会做好职业思想准备。

第四，推进劳动教育与创业教育相结合。党中央反复强调诚实劳动、创造性劳动，这既充分体现了新时代对劳动的新要求，也是劳动教育、劳动精神培养需要追求的重要目标。创业创新教育具有创新性、创造性、探索性，必须加强体制机制建设，完善双创教育体系，拓展双创教育空间，为大学生提供更灵活的参与双创的机会、平台。

第五，推进劳动教育与志愿服务相结合。在社会实践和志愿服务中融入劳动教育，有助于形成良好劳动习惯，感受劳动乐趣，享受劳动收获，这是劳动教育的最高境界。通过工学结合、勤工助学、劳动体验等途径，积极引导受教育者志愿参与社会服务，培养劳动情怀、劳动意识和奉献精神。

总之，我们要通过文件学习，进一步弘扬劳动光荣、创造伟大的主旋律，旗帜鲜明地反对一切不劳而获、贪图享乐、崇尚暴富的错误观念，营造全社会关心和支持劳动教育的良好氛围。

怎样才能成为具有高尚品德和真才实学的大学生呢？除了勤奋学习书本知识外，积极参加实践活动，苦练基础技能，修身立德为建设新时代中国特色社会主义事业做贡献也尤为重要。要修身立德，仅仅明德是不够的，还要加强道德修养、注重道德实践。习近平总书记指出："学到的东西，不能停留在书本上，不能只装在脑袋里，而应该落实到行动上，做到知行合一。"这就需要有"笃行"的功夫，扎扎实实干事，踏踏实实做人。

田鑫瑶，生于1994年，是一名锅炉操作工，人们很难将他和国家重大工程联系在一起。但在2018年11月，当我国第42、43颗北斗导航卫星发射升空时，他就在发射塔架几公里外的锅炉房里。作为整个北斗系统中发射场系统的一名青年操作工，他肩负着为火箭、卫星测试厂房的空调提供蒸汽的责任。这一工作关乎火箭卫星的湿度、温度指标，同样决定着"万人一杆枪"北斗事业的最终结果。

在一个又一个的"中国制造"背后，除了人们熟悉的科学家、设计师、指挥员等"大人物"，还有一群十年如一日追求职业技能极致、凭借专注和钻研、传承与坚守的大国工匠。如今，这些大国工匠迎来后继者，像田鑫瑶这样的青年操作工正在从老师傅手中接过接力棒。他们的身份可能是一线加注指挥员、吊装操作手、火箭或卫星制造厂的技师，也可能是某一元器件厂房里的维修工人。北斗这一国之重器背后的"八〇后""九〇后"青年操作工，正是他们当中的优秀代表：他们是火箭发射前最后撤离的人，每当重大工程关键时刻，他们往往冲在最前面，和最繁琐、最危险的事物打着交道；他们干着铲煤烧锅炉等"别人眼中的脏活儿苦活儿"，接触最多的是黑色煤块，但却有颗燃烧的红心；他们在属于自己的不到两平方米的世界里，安静地做着某一项技能绝活儿的大师，而背后却是数十年如一日、成百上千次的训练；他们与青山塔架、火箭绚丽尾迹做伴，认为这样的青春没有虚度。这些还略显稚嫩的面孔和国家大工程离得如此之近，他们年龄不大，但和那些大国工匠一样坚信：有一种工匠精神叫从年轻干起，从小事做起。

孙丽倩是一名行走在新疆"麦田"里的西部志愿者。2014 年 9 月 3 日，阿凡提物流的货车上满载一万本维汉字典，送往新疆克州、阿克苏等地，再过几天，全疆 32 所学校的孩子将收到新学期的礼物。

为他们筹集礼物的是"麦田计划"新疆站的志愿者们，此次发放字典活动只是"麦田计划"新疆站的公益项目之一，从 2006 年成立至今，发起人之 孙丽倩和志愿者们资助了 76 名家境贫寒的学生，各项资助款达 21 万元，此外，还募集到图书 1.2 万余册，建立了 11 间"麦田图书室"。

孙丽倩是河北人，2006 年从石家庄学院毕业后，参加了大学生志愿服务西部计划。那一年她了解到"麦田计划"是一个民间慈善公益助学组织，主要是资助农村贫困学生和建立农村图书室等活动。

孙丽倩在阿勒泰市切木尔切克乡寄宿制中学服务，安排好了工作，她就开始和志愿者们走访。让她印象最深的是一对贫困姐弟家里用各种编织袋当作吊顶，昏暗的房屋里却醒目地挂着一墙证书和奖状，家里的条件虽然艰苦，但姐弟俩的自强精神深深打动了志愿者们。

随后，两个孩子都得到了"麦田计划"的资助，姐姐已经中专毕业了，弟弟则以第一名的成绩升入阿勒泰地区二中理科实验班。

一年的志愿服务后，孙丽倩考入阿勒泰地区富蕴县喀拉通克乡一中，成为一名教师，因为工作忙碌，她从负责人的角色转变为志愿者，另一位志愿者张长城接过接力棒，继续行走在"麦田"间。

"行高人自重，不必其貌之高。"作为当代大学生，必须在学习、生活、工作各个方面严格要求自己，不能凡事得过且过，要戒骄戒躁。学习上，要认真踏实，勤学善思，掌握应该学习到的各方面知识，不应该沉迷手机或者网络游戏。在工作过程中，相信天生我材必有用，严肃负责地对待每一项工作，刻苦练习每一项技术本领，为建设新时代中国特色社会主义贡献力量。同时更应该摆正自己的位置，不忘为学校和为同学们服务的初心。在培育和践行社会主义核心价值观的问题上，要从日常生活中的小事做起，要从做好小事、管好小节起步，"见善则迁，有过则改"，踏踏实实修好公德、私德，学会劳动、学会勤俭，学会感恩、学会助人，学会谦让、学会宽容，学会自省、学会自律。中国已经步入了新时代中国特色社会主义的新征途，作为将来建设者的青年学生们更要坚韧不拔，锲而不舍，为实现伟大的中国梦而奋斗。

📋 实践方案

活动一：我为"劳动教育课程开展"献计献策

【实践方案】

高校学生作为直接面向劳动、直接对接职业的劳动后备军，迫切需要带着全面系统的劳动素养走上工作岗位。作为新时代的大学生，你对"劳动教育课程开展"有何建议？请认真阅读《中共中央国务院关于全面加强新时代大中小学劳动教育的意见》，利用互联网进行调研，写一份调研报告（不少于800字）。

【过程记录】

调研的难点：

调研的关键点：

我的写作思路：

我的观点：

【结果评价】

教师可参考对学生的调研报告进行评价。

调研报告评价表

评价标准	评价细则	分值	分数小计	教师评价
报告完整	顺利完成并上交完整的调研报告	20 分		
注重事实	用事实材料阐明观点	15 分		
	引出符合客观实际的结论	15 分		
逻辑通顺	有叙有议，叙议结合	15 分		
	逻辑清晰，观点鲜明	15 分		
语言简洁	语言流畅，不拖泥带水	10 分		
	善用比喻，可读性强	10 分		

【参考资料】

中共中央国务院关于全面加强新时代大中小学劳动教育的意见

（2020 年 3 月 20 日）

为构建德智体美劳全面培养的教育体系，现就加强新时代大中小学劳动教育提出如下意见。

一、充分认识新时代培养社会主义建设者和接班人对加强劳动教育的新要求

（一）重大意义

劳动教育是中国特色社会主义教育制度的重要内容，直接决定社会主义建设者和接班人的劳动精神面貌、劳动价值取向和劳动技能水平。长期以来，各地区和学校坚持教育与生产劳动相结合，在实践育人方面取得了一定成效。同时也要看到，近年来一些青少年中出现了不珍惜劳动成果、不想劳动、不会劳动的现象，劳动的独特育人价值在一定程度上被忽视，劳动教育正被淡化、弱化。对此，全党全社会必须高度重视，采取有效措施切实加强劳动教育。

（二）指导思想

全面贯彻党的教育方针，落实全国教育大会精神，坚持立德树人，坚持培育和践行社会主义核心价值观，把劳动教育纳入人才培养全过程，贯通大中小学各学段，贯穿家庭、学校、社会各方面，与德育、智育、体育、美育相融合，紧密结合经济社会发展变化和学生生活实际，积极探索具有中国特色的劳动教育模式，创新体制机制，注重教育实效，实现知行合一，促进学生形成正确的世界观、人生观、价值观。

（三）基本原则

——把握育人导向。坚持党的领导，围绕培养担当民族复兴大任的时代新人，着力提升学生综合素质，促进学生全面发展、健康成长。把准劳动教育价值取向，引导学生树立正确的劳动观，崇尚劳动、尊重劳动，增强对劳动人民的感情，报效国家，奉献社会。

——遵循教育规律。符合学生年龄特点，以体力劳动为主，注意手脑并用、安全适度，强化实践体验，让学生亲历劳动过程，提升育人实效性。

——体现时代特征。适应科技发展和产业变革，针对劳动新形态，注重新兴技术支撑和社会服务新变化。深化产教融合，改进劳动教育方式。强化诚实合法劳动意识，培养科学精神，提高创造性劳动能力。

——强化综合实施。加强政府统筹，拓宽劳动教育途径，整合家庭、学校、社会各方面力量。家庭劳动教育要日常化，学校劳动教育要规范化，社会劳动教育要多样化，形成协同育人格局。

——坚持因地制宜。根据各地区和学校实际，结合当地在自然、经济、文化等方面条件，充分挖掘行业企业、职业院校等可利用资源，宜工则工、宜农则农，采取多种方式开展劳动教育，避免一刀切。

二、全面构建体现时代特征的劳动教育体系

（四）把握劳动教育基本内涵

劳动教育是国民教育体系的重要内容，是学生成长的必要途径，具有树德、增智、强体、育美的综合育人价值。实施劳动教育重点是在系统的文化知识学习之外，有目的、有计划地组织学生参加日常生活劳动、生产劳动和服务性劳动，让学生动手实践、出力流汗，接受锻炼、磨炼意志，培养学生正确劳动价值观和良好劳动品质。

（五）明确劳动教育总体目标

通过劳动教育，使学生能够理解和形成马克思主义劳动观，牢固树立劳动最光荣、劳动最崇高、劳动最伟大、劳动最美丽的观念；体会劳动创造美好生活，体认劳动不分贵贱，热爱劳动，尊重普通劳动者，培养勤俭、奋斗、创新、奉献的劳动精神；具备满足生存发展需要的基本劳动能力，形成良好劳动习惯。

（六）设置劳动教育课程

整体优化学校课程设置，将劳动教育纳入中小学国家课程方案和职业院校、普通高等学校人才培养方案，形成具有综合性、实践性、开放性、针对性的劳动教育课程体系。

根据各学段特点，在大中小学设立劳动教育必修课程，系统加强劳动教育。中小学劳动教育课每周不少于1课时，学校要对学生每天课外校外劳动时间做出规定。职业院校以实习实训课为主要载体开展劳动教育，其中劳动精神、劳模精神、工匠精神专题教育不少于16学时。普通高等学校要明确劳动教育主要依托课程，其中本科阶段不少于32学时。除劳动教育必修课程外，其他课程结合学科、专业特点，有机融入劳动教育内容。大中小学每学年设立劳动周，可在学年内或寒暑假自主安排，以集体劳动为主。高等学校也可安排劳动月，集中落实各学年劳动周要求。

根据需要编写劳动实践指导手册，明确教学目标、活动设计、工具使用、考核评价、安全保护等劳动教育要求。

（七）确定劳动教育内容要求

根据教育目标，针对不同学段、类型学生特点，以日常生活劳动、生产劳动和服务性劳动为主要内容开展劳动教育。结合产业新业态、劳动新形态，注重选择新型服务性劳动的内容。

小学低年级要注重围绕劳动意识的启蒙，让学生学习日常生活自理，感知劳动乐趣，知道人人都要劳动。小学中高年级要注重围绕卫生、劳动习惯养成，让学生做好个人清洁卫生，主动分担家务，适当参加校内外公益劳动，学会与他人合作劳动，体会到劳动光荣。初中要注重围绕增加劳动知识、技能，加强家政学习，开展社区服务，适当参加生产劳动，使学生初步养成认真负责、吃苦耐劳的品质和职业意识。普通高中要注重围绕丰富职业体验，开展服务性劳动、参加生产劳动，使学生熟练掌握一定劳动技能，理解劳动创造价值，具有劳动自立意识和主动服务他人、服务社会的情怀。中等职业学校重点是结合专业人才培养，增强学生职业荣誉感，提高职业技能水平，培育学生精益求精的工匠精神和爱岗敬业的劳动态度。高等学校要注重围绕创新创业，结合学科和专业积极开展实习实训、专业服务、社会实践、勤工助学等，重视新知识、新技术、新工艺、新方法应用，创造性地解决实际问题，使学生增强诚实劳动意识，积累职业经验，提升就业创业能力，树立正确择业观，具有到艰苦地区和行业工作的奋斗精神，懂得空谈误国、实干兴邦的深刻道理；注重培育公共服务意识，使学生具有面对重大疫情、灾害等危机主动作为的奉献精神。

（八）健全劳动素养评价制度

将劳动素养纳入学生综合素质评价体系，制定评价标准，建立激励机制，组织开展劳动技能和劳动成果展示、劳动竞赛等活动，全面客观记录课内外劳动过程和结果，加强实际劳动技能和价值体认情况的考核。建立公示、审核制度，确保记录真实可靠。把劳动素养评价结果作为衡量学生全面发展情况的重要内容，作为评优评先的重要参考和毕业依据，作为高一级学校录取的重要参考或依据。

三、广泛开展劳动教育实践活动

（九）家庭要发挥在劳动教育中的基础作用

注重抓住衣食住行等日常生活中的劳动实践机会，鼓励孩子自觉参与、自己动手，随时随地、坚持不懈进行劳动，掌握洗衣做饭等必要的家务劳动技能，每年有针对性地学会 1 至 2 项生活技能。鼓励学校（家委会）和社区等组织开展学生生活技能展示活动。学生参加家务劳动和掌握生活技能的情况要按年度记入学生综合素质档案。鼓励孩子利用节假日参加各种社会劳动。家庭要树立崇尚劳动的良好家风，家长要通过日常生活的言传身教、潜移默化，让孩子养成从小爱劳动的好习惯。

（十）学校要发挥在劳动教育中的主导作用

学校要切实承担劳动教育主体责任，明确实施机构和人员，开齐开足劳动教育课程，不得挤占、挪用劳动实践时间。明确学校劳动教育要求，着重引导学生形成马克思主义劳动观，系统学习掌握必要的劳动技能。根据学生身体发育情况，科学设计课内外劳动项目，采取灵活多样形式，激发学生劳动的内在需求和动力。统筹安排课内外时间，可采用集中与分散相结合的方式。组织实施好劳动周，小学低中年级以校园劳动为主，小学高年级和中学可适当走向社会、参与集中劳动，高等学校要组织学生走向社会、以校外劳动锻炼为主。

（十一）社会要发挥在劳动教育中的支持作用

充分利用社会各方面资源，为劳动教育提供必要保障。各级政府部门要积极协调和引导企业公司、工厂农场等组织履行社会责任，开放实践场所，支持学校组织学生参加力所能及的生产劳动、参与新型服务性劳动，使学生与普通劳动者一起经历劳动过程。鼓励高新企业为学生体验现代科技条件下劳动实践新形态、新方式提供支持。工会、共青团、妇联等群团组织以及各类公益基金会、社会福利组织要组织动员相关力量、搭建活动平台，共同支持学生深入城乡社区、福利院和公共场所等参加志愿服务，开展公益劳动，参与社区治理。

四、着力提升劳动教育支撑保障能力

（十二）多渠道拓展实践场所

大力拓展实践场所，满足各级各类学校多样化劳动实践需求。充分利用现有综合实践基地、青少年校外活动场所、职业院校和普通高等学校劳动实践场所，建立健全开放共享机制。农村地区可安排相应土地、山林、草场等作为学农实践基地，城镇地区可确认一批企事业单位和社会机构，作为学生参加生产劳动、服务性劳动的实践场所。建立以县为主、政府统筹规划配置中小学（含中等职业学校）劳动教育资源的机制。进一步完善学校建设标准，学校逐步建好配齐劳动实践教室、实训基地。高等学校要充分发挥自身专业优势和服务社会功能，建立相对稳定的实习和劳动实践基地。

（十三）多举措加强人才队伍建设

采取多种措施，建立专兼职相结合的劳动教育师资队伍。根据学校劳动教育需要，为学校配备必要的专任教师。高等学校要加强劳动教育师资培养，有条件的师范院校开设劳动教育相关专业。设立劳模工作室、技能大师工作室、荣誉教师岗位等，聘请相关行业专业人士担任劳动实践指导教师。把劳动教育纳入教师培训内容，开展全员培训，强化每位教师的劳动意识、劳动观念，提升实施劳动教育的自觉性，对承担劳动教育课程的教师进行专项培训，提高劳动教育专业化水平。建立健全劳动教育教师工作考核体系，分类完善评价标准。

（十四）健全经费投入机制

各地区要统筹中央补助资金和自有财力，多种形式筹措资金，加快建设校内劳动教育场所和校外劳动教育实践基地，加强学校劳动教育设施标准化建设，建立学校劳动教育器材、耗材补充机制。学校可按照规定统筹安排公用经费等资金开展劳动教育。可采取政府购买服务方式，吸引社会力量提供劳动教育服务。

（十五）多方面强化安全保障

各地区要建立政府负责、社会协同、有关部门共同参与的安全管控机制。建立政府、学校、家庭、社会共同参与的劳动教育风险分散机制，鼓励购买劳动教育相关保险，保障劳动教育正常开展。各学校要加强对师生的劳动安全教育，强化劳动风险意识，建立健全安全教育与管理并重的劳动安全保障体系。科学评估劳动实践活动的安全风险，认真排查、清除学生劳动实践中的各种隐患特别是辐射、疾病传染等，在场所设施选择、材料选用、工具设备和防护用品使用、活动流程等方面制定安全、科学的操作规范，强化对劳动过程每个岗位的管理，明确各方责任，防患于未然。制定劳动实践活动风险防控预案，完善应急与事故处理机制。

五、切实加强劳动教育的组织实施

（十六）加强组织领导

在党委统一领导下，各级政府要把劳动教育摆上重要议事日程，出台相关政策措施，切实解决劳动教育实施过程中的重大问题，做好督促落实。省级政府要加强劳动教育工作的统筹协调，明确市地级、县级政府及有关部门加强劳动教育的职责，推动建立全面实施劳动教育的长效机制。

（十七）强化督导检查

把劳动教育纳入教育督导体系，完善督导办法。对地方各级政府和有关部门保障劳动教育情况以及学校组织实施劳动教育情况进行督导，督导结果向社会公开，同时作为衡量区域教育质量和水平的重要指标，作为对被督导部门和学校及其主要负责人考核奖惩的依据。开展劳动教育质量监测，强化反馈和指导。

（十八）加强宣传引导

引导家长树立正确劳动观念，支持配合学校开展劳动教育。加强劳动教育科学研究，宣传推广劳动教育典型经验。积极宣传企事业单位和社会机构提供劳动教育服务的先进事迹。注重挖掘在抗疫救灾等重大事件中涌现出来的典型人物和事迹，大力宣传不畏艰难、百折不挠、敢于担当的高尚品格。鼓励和支持创作更多以歌颂普通劳动者为主题的优秀作品，大力宣传辛勤劳动、诚实劳动、创造性劳动的典型人物和事迹，弘扬劳动光荣、创造伟大的主旋律，旗帜鲜明地反对一切不劳而获、贪图享乐、崇尚暴富的错误观念，营造全社会关心和支持劳动教育的良好氛围。

活动二：走进敬老院志愿者活动

【实践目标】

通过走进敬老院为老人献爱心，继承和发扬中华民族的传统美德，增强大学生的社会责任感。

【实践方案】

1. 活动时间：全天。

2. 活动地点：学校附近敬老院。

3. 活动方式：志愿者活动。

4. 活动流程：

（1）以班级为单位，按照每组4~6人划分小组，选出一名组长。

（2）由老师带队，前往事先联系好的学校附近的敬老院。

（3）以小组为单位，明确人员分工。帮助敬老院老人打扫卫生并组织一场小型文艺表演供老人欣赏。

（4）活动结束，保证同学们全部安全返回学校。

【实践评价】

根据同学们在敬老院的表现，评定实践分数。

_____

_____

_____

_____

【参考资料】

沪上志愿者走进敬老院慰问孤寡老人

2019 年 8 月，货拉拉上海分公司志愿者一行 7 人走进上海七宝敬老院进行慰问，捐赠了粮油、食品、生活用品等爱心物资，并为敬老院的老人带来精彩的文艺表演，献上一份爱心，送去一份温暖。

当天，七宝敬老院行政副院长程明月接待了货拉拉志愿者一行，并送上了锦旗，对货拉拉的爱心之举表示诚挚的感谢。随后，在程院长的带领下，货拉拉志愿者深入参观了敬老院的居住环境、用餐环境和娱乐活动场所等，详细了解了老人们的日常生活和娱乐情况，并现场为老人派发蛋糕、牛奶等作为下午茶。

程院长介绍，敬老院是孤寡老人的栖息之所，老人们大多数是由于子女工作忙，选择了敬老院，目前七宝敬老院在住老人约 180 人，他们不仅需要物质上的照料，更需要心灵上的慰藉。为此，货拉拉志愿者还为老人们带来了《祝你平安》《至少还有你》《甜蜜蜜》《听海》等经典老歌串烧，优美动听的歌声给敬老院的老人们带去了欢乐和喜庆，最后的压轴合唱《朋友》更是将现场带入高潮，全场的老人们跟着音乐节奏一起拍手鼓掌。

关爱孤寡老人是全社会的责任，货拉拉一直以来都在积极履行社会责任，奉献爱心的同时，也呼吁更多的爱心人士积极参与关注孤寡老人群体的公益行动，让他们感受来自社会各方的关爱，得到心灵上的慰藉。

在保持业务快速发展、用心服务用户的同时，货拉拉也不忘初心，一直致力于公益事业，先后多次组织爱心捐助、环保、救灾、送清凉等社会公益活动，传递社会正能量。同时，货拉拉还成立了"司机关怀基金"，首期出资 100 万元，用于援助平台上家庭困难、在运输过程中遭遇意外风险的司机。未来，货拉拉将继续投身于公益事业，奉献自己的力量，帮助更多有需要人。

第十章 新时代大学生的『劳』

第十一章　新时代大学生的"五育融合"

从"五育并举"到"五育融合"，已经成为新时代中国教育变革与发展的基本趋势。新时代所提出的"五育融合"，有独特的时代需要。探究"五育融合"的时代命题，解读"德智体美劳全面发展与融合发展"，破解新时代"五育融合"的瓶颈难题，成为当前新时代大学生"五育融合"中的重点问题。

第一节　"五育融合"概述

2018年9月10日，全国教育大会强调要培养德智体美劳全面发展的社会主义建设者和接班人，并对德智体美劳教育的内容提出了明确要求，强调要在学生中弘扬劳动精神，教育引导学生树立正确的劳动观念，培养学生养成良好的劳动习惯，能够切实参加各项劳动教育活动。

2019年发布的《中国教育现代化2035》进一步提出：更加注重学生德智体美劳全面发展，发展中国特色世界先进水平的优质教育。至此，立德树人、五育并举成为全体教育人的共同目标。

2020年3月发布的《关于全面加强新时代大中小学劳动教育的意见》着重强调，把劳动教育纳入人才培养全过程，贯通大中小学各学段，贯穿家庭、学校、社会各方面，与德育、智育、体育、美育相融合。从"五育不全"到"五育并举"，再到"五育融合"，回归和回答了新时代我们究竟需要培养什么样的人、为谁培养人以及高效培养全面发展的人才这个根本问题。

"五育融合"的提出，并非空穴来风，而是源自我国教育生态体系，尤其是基础教育中存在的"缺失"与"失衡"，即疏德、偏智、弱体、抑美、缺劳，以及"五唯顽疾"（唯分数、唯升学、唯论文、唯文凭、唯帽子）问题。关于"人"的教育，本该是一个有机融合的整体。每个人都是多面教育融合后的综合呈现。在历史长河中之所以将教育分成德、智、体、美、劳几个方面，是为了促进每一方面的极致发展，从而更好地推动人的全面发展与融合。区别看待五育、"各自为大"必然是片面的，五育融合才是归途。简言之，五育是一个整体，既内在统一、又各有侧重，目标是促进学生的自由而全面发展。因此，需要辩证处理五育之间的关系，促进五育之间的相互融合，最终实现五育并举的整体育人功能和真、善、美、圣、健、富价值平衡的整全之人。

第二节 "五育融合"的理论基础

"五育融合"，其理论基础来源于马克思的"人的全面发展理论"和"个性发展理论"以及西方人本主义者的"全人教育学说"。

一是"人的全面发展理论"。当前学界对人的全面发展的认识主要有以下几个方面：一种观点将人的全面发展看作是对各种劳动需求的适应，以及社会全体成员才能的充分发挥；另一种观点把人的全面发展看作是人的劳动能力和社会关系，以及个性全面的发展；还有学者认为人的全面发展是"和谐的人的全面发展"，即"作为目的本身的人类能力的发展"、主体对自身发展机会的平等获得和充分利用、不断扩大主体自由，以及各种能力、机会和选择的和谐发展。可见，"人的全面发展"是人的内在发展需要，是和谐发展的需求；是具有主体性的人的个性的自觉发展；是人类的社会关系的全面发展。正如马克思指出："任何人的职责、使命、任务就是全面地发展自己的一切能力""成为自己的社会结合的主人，从而也成就为自然界的主人，成为自身的主人——自由的人"。人的能力的充分发挥，对"五育融合"的必要性提供了必要解答。人的和谐发展要求人道德、智力、体力、心理等素质处于和谐状态，且都得到充分的发挥，而非处于割裂、对立的状态。教育是培养人的社会活动，必须要顺应人的发展规律，要求"五育"必须"融合"，而非割裂、对立，以促进人的全面发展。人的全面发展理论为"五育融合"提供了基础。

二是"人的个性发展理论"。在人的全面发展基础上，马克思提出要建立自由的个性。马克思认为人是有个性的存在物，人的特殊性使他成为个体，成为现实的社会存在物，自主性、自律性与创造性是人的个性的集中体现。在马克思看来，具有自由个性的人，才是完整的人，"每个人的自由发展是一切人的自由发展的条件"，基于全面发展的人的自由个性的培养，是实现人的内在和谐、人与人和谐、人与自然和谐的根本。因此，"五育融合"的目的在于促进人的全面发展，在于促进人自身的全部潜能，实现人与自我、人与社会、人与自然的完整统一。

三是西方人本主义者的"全人教育学说"。随着技术革命在社会上取得胜利，科技力量令人们深信不疑，科学技术成为衡量一切的标准，教育中的人也被物化了。从自由教育到人文教育再到人本主义教育，全人教育研究得以不断深化。总之，"全人教育学说"秉持整体的世界观，强调教育要在整体中、作为整体，来培养人和促进人的全方面发展。教育不是人的各方面素质、能力的简单叠加或复杂整合，学生是整体而非分裂的人，因而必须"教育全人"。"全人教育学说"为"五育融合"的育人实践提供了深厚的教育生态理论基础。

第三节　积极推进"五育融合"

"五育并举，融合育人"，是新时代基础教育育人方式转型提出的重大命题。有了"五育融合"的理念和思维方式之后，不仅各育之间的关联度、衔接度将有所提升，各育自身的推进方式、运行方式和发展方式也会随之发生革命性变化：从此以后，各育都将在"五育融合"的背景之下，重新建构自身的发展方向和发展机制。

"以劳带全"的新劳动教育最能体现多元融合的育人价值。后疫情时代，教育的诸多变革势在必行，未来已来，为早日形成家庭、学校、社会和政府四位一体教育命运共同体，多元协同的新劳动教育实践体系，教育界人要真诚联合社会各界关心关注教育的人士，齐心协力，尽心尽责，着力做到新劳动教育的"四个下功夫"。

首先，在促使学生于实践中真实劳动，并获得丰富的劳动体验上下功夫。"劳动长在手上，聪明长在眼上，健康长在腿上，善良长在心上。"在新劳动教育的实验中，要实现劳动教育与德育、智育、体育、美育相融合，最终促进学生脑、体、心、神、魂五位一体、相互平衡，就必须让各学段学生在实践中真实劳动，以获得丰富的劳动体验，发现劳动中的美和快乐。据此，建议开辟校内劳动场所，学校可结合劳动课程建立设备完善的劳动场地，如木工车间、缝纫室、家政室、金工车间等，有条件的学校还可以建立农场，探索城乡结合，劳动教育与劳动实践的结合；通过生涯教育实施劳动教育，生涯教育具有面向职业生活和劳动世界的特点，可通过社会实践与职业体验等途径，培养学生的劳动观念，进一步了解职业，为将来的职业选择和定向做好准备。目前，社会资源的开发不仅仅需要学校去努力，更需要整个社会形成共识，目前家庭劳动和学校实践性劳动开展深度不够，社会实践劳动开放性和创新性有待融合。

其次，在新劳动教育课程与教学整合上下功夫。第一，要保证新劳动教育的课时和课程内容，并且要与其他课程有机融合，离开课程谈劳动教育是不可能实现的。第二，在课程建设方面，协同好劳动教育必修与选修、校内与校外、课内与课外、正式与非正式、直接与间接的关系。第三，要关注乡村或中心城区各种不同生活背景下学生的劳动差异，同时兼顾不同学段的日常生活劳动、服务性劳动、生产劳动的劳动比例。

再次，在把握好新劳动教育实施途径和评价手段上下功夫。比如小学阶段的劳动教育素养培养，重点不在于掌握娴熟的劳动技能，而在于体验劳动过程；中学阶段的劳动教育要与课程学习以及未来职业生涯规划有机结合起来；大学阶段要凸显劳动教育与专业实践和就业力提升紧密结合起来，把握好落实新劳动教育的督导评价的问题。质言之，在升学、就业过程中要使用好劳动素养评价，反对劳动教育进行过多的类似语、数、外等课程学习成效的终结性评价，要有发展性、过程性和展示性的劳动教育新评价。

最后，在重建各学段学生精准劳动教育指导上下功夫。第一，不能忽视学生劳动教育的性别差异和劳动健康及安全问题。第二，要高度关注学生劳动教育的主体性问题，尊重学生的自主性，激发学生的内驱力，不仅重视教师、家长等成人的引导作用，也要重视学生之间的相互指导及自我指导，让学生在劳动教育过程中有自我价值选择、自我生长发展的动力。第三，要处理好劳动教育目的和手段的关系。任何劳动教育学习指导，不能过于强调其目的性或工具性，目标和手段应该紧密结合，以防学生在劳动教育中被工具化，遮蔽学生内心的真实需求。

总之，体力是脑力的支架，劳动长智慧，智慧来源于实践，实践出真知。劳动教育的价值及意蕴深远，在"五育融合"视野下，大力加强新时代劳动教育的实践探索，就是通过新劳动教育制度体系的重构带动教育生态的良性发展，回归教育培养真实自由全面发展的社会主义建设者和接班人这个根本原点，努力克服"现代人"在全球化、现代化进程中所呈现的懒、贪、傲、私等人性弱点，唤醒当代中国人勤劳、奉献、责任、公平、正义等优良品质。

📖 **实践方案**

活动一："大国工匠的故事"演讲比赛

【实践目标】

本活动通过了解大国工匠的事迹，帮助学生进一步热爱劳动，树立正确的劳动观。

【实践方案】

1. 对象：全班学生。

2. 时间：每人 3 分钟。

3. 地点：教室。

4. 活动主题：举行"大国工匠的故事"演讲比赛。

5. 活动要求：

（1）演讲题目自拟，脱稿演讲，从大国工匠优秀事迹方面确定内容。

（2）演讲稿要求主题鲜明、深刻，内容充实具体、条理清晰，逻辑严密，结构精巧，富有启发性，有较强的感染力。

（3）演讲稿由演讲人自己撰写，演讲时间控制在 3 分钟，按抽签顺序上场。

6. 评分标准：

计分表

评价标准	分值	分数小计	教师评价
演讲内容	30 分		
语言表达	20 分		
表情仪态	20 分		
演讲效果	30 分		

活动二：寻找"最美劳动者"活动

农民、工人、快递员、外卖员、程序员、工程师、作家、科学家、图书管理员……在我们身边，有很多这样的劳动者。请以小组（4~6人）为单位寻找身边或网络上至少3个行业的"最美劳动者"，采访他们的劳动故事，了解他们是如何在自己的工作岗位上坚守初心的。要求采访过程和结果以PPT或短视频的形式呈现。

【过程记录】

活动开展计划：

活动开展难点及解决方案：

心得体会：

【结果评价】

教师可参考表对各小组寻找"最美劳动者"活动进行评价。

寻找"最美劳动者"活动评价表

评价标准	分值	分数小计	教师评价
提前做好活动方案的策划	20分		
达到活动目的	20分		
分工合理，各成员均积极参与	20分		
故事讲述精彩	20分		
PPT制作精美/短视频剪辑精美	20分		

参考资料

平凡中的精彩

巡线，对于一名线路专业的工人来说，是最基本的工作，但背后却蕴藏着无数的"门道"：看似简单机械的"沿线而行"，不仅要全面了解巡视区域内的地形情况，还要熟练掌握线路杆塔的巡视技巧，更要具备第一时间发现隐患缺陷的"火眼金睛"。二十一年间，从黄河沿岸到沂蒙山区，从鲁冀交界到黄海之滨，1万多公里的特超高压线路下，都留下了王进坚实的脚印。

世上难事，莫如坚守。日复一日，年复一年，王进精心守护着山东电力主网的安全稳定运行，用对事业的赤诚之心守望着万家灯火明。

在平凡中坚守

用王进自己的话说：第一次带电作业是"惊心动魄"，第一次巡线则是"险象环生"。2000 年的冬天，王进接到第一次线路巡视任务：巡视泰安、莱芜、淄博、济南交叉的鲁中山区。受当时条件所限，王进和同事们的装备只有望远镜和记录缺陷的小本子，漫天风雪让周边的一切都变得十分模糊，只有站在铁塔底下才能看清楚。

于是，王进和同事们从山脚出发，冒着风雪向线路杆塔"藏身"的山区腹地挺进。山区阳面的积雪只到膝盖，背阴面却到了腰部，原来有迹可循的巡线路径也在冰雪覆盖下完全没有了痕迹。跌跌撞撞一个上午，等找到背风背雪的树坑准备补充体力时，才发现背包中的矿泉水已经冻成冰疙瘩，就着积雪吃面包，是唯一的选择。下山后，王进的秋裤和毛裤全都湿透了。这一次的巡线，让王进对线路工作有了更加深刻的认识。

2017 年，是公司的特高压"丰收年"。短短一年间，"三交四直"7 项特高压工程相继投运，扎鲁特—青州工程更是创了特高压直流工程建设的纪录。当王进他们收到这条线路的验收通知时有点傻眼——180 公里线路、364 基杆塔，要在 10 天内完成。平均每人每天至少验收 4 基特高压塔、2 公里线路，相当于每天至少要在 30 层的楼上爬 8 个来回。这样的工作量，让每一个参与验收的人员都感到"压力山大"。

作为验收负责人，王进带领大家把这场攻坚战变成了"对抗赛"：你半个小时能爬到塔顶，那我 20 分钟就行；你一个小时能走完线，那我 40 分钟就行，而且保证验收的每个节点都到位。随着纪录的不断刷新，他们也把验收周期缩短到了 7 天。"再硬的骨头也能啃下来，再难的仗也能打得赢，这就是我们'电网铁军'的承诺！"在一次宣讲活动上，王进这样说。

在实战中锤炼

"大国工匠"的锻造也并非一朝一夕,"盖世绝技"的练就并非一招一式。二十一年与线路杆塔的"亲密接触",让王进练就了一身的工匠技艺。

"微声辨伤"。线路带电运行中,导线会发出电晕的声音,如线路有损伤,声音也将产生异常。在距离线路数十米的地面上,王进可以凭耳朵听线路声音的细微变化,就能判断出不超过两毫米细的微小铝绞线哪里有损伤,以及损伤的程度。

"双手同工"。在数十米的高空,作业人员有时会根据工作需要坐在一根导线上,用一只手辅助身体平衡,另一只手开展作业。而身材纤瘦的王进在多年的体能训练中,练就了惊人的下盘力量,仅用双腿坐在一根导线上,就可以确保自身的稳定,用双手完成作业。正常需要一个小时完成的带电作业,王进只需半小时就能完成。

"一把抓线"。在使用"秋千法"进电场时,作业人员需要乘坐吊篮从杆塔上像"荡秋千"一样荡到带电线路上,稍有不慎,就会导致撞线或无法进入电场。王进在这一过程中,不仅能够合理发力,控制身体在晃动吊篮中的稳定,用最理想的方式进入电场,同时还能精准判断出自身与带电线路的距离,一把抓住导线迅速进入电场。

"精准预判"。目前,特超高压线路带电作业进电场有"跨二短三""软梯法"及秋千法等多种方式,线路缺陷的位置和性质不同,作业人员选择进入电场的方式也就不同。王进能够通过对线路缺陷的综合判断,迅速准确找到进入电场的最合理方式,并罗列出作业过程中需要使用的工具及安全注意事项。

近年来,公司系统着力开展智能运检体系建设,让特超高压线路智能化率先成为建设泛在电力物联网的生动实践,是这场攻坚战中的重要战役,王进在实战中修炼的这些匠心技艺成为了战斗中"法宝利器"。哪些通道的隐患多,哪条线路跨铁路,哪基杆塔在山里,王进手写的30余本线路隐患"作战图",成为了公司部署线路可视化装置的"规划图";无人机要重点拍摄哪里，可以搭载什么设备，回传图像如何精准识别，王进凭借着多年工作经验，提出了许多建设性的金点子。

一花独放不是春，万紫千红春满园。王进深知，自己成功并不能算真正的成功，于是他开启导师模式让"劳模身边再出劳模、能手身边再出能手"蔚然成风。他的徒弟李敏，是 2011 年才进入公司的青年员工，在 2013 年就获得中国电力联合会组织的全国带电作业技术比武第二名，并获得"全国技术能手"称号。2017 年，李敏更是作为等电位作业人员，完成了山东省首次特高压交流带电作业，成为"山东特高压带电作业第一人"。

在平凡中坚守，在实战中锤炼，王进用"敢于有梦、善于追梦、勤于圆梦"的不懈奋斗，浇灌出实现美好中国梦征程上的青春之花；用"敬业乐业、专业专注、精益求精"的工匠精神，唱响了"劳动最光荣、劳动最崇高、劳动最伟大、劳动最美丽"的新时代劳动者之歌。

参考文献

[1] 李玉琦. 中国共青团史稿 1922—2008 [M]. 中国青年出版社, 2010.

[2] 共青团中央、中央文献研究室. 毛泽东邓小平江泽民论青年和青少年工作（增订本）[M]. 中国青年出版社、中央文献出版社, 2003.

[3] 中央档案馆. 中共中央文件选集（1）[M]. 中共中央党校出版社, 1989.

[4] 共青团上海市委员会. 就业创业与当代青年：2007 年上海青年发展报告 [M]. 上海人民出版社, 2007.

[5] 赵晓刚. 中国共青团团史团情团务简明读本 [M]. 红旗出版社, 2019.

[6] 孙炜博. 高校开展德育工作的重要性及途径 [J]. 河南科技, 2011, 3：43－44.

[7] 郭霞. 论大学生的文学素养与德育教育 [J]. 芒种, 2015 (22)：33.

[8] 涂麟俊. 社会主义核心价值体系建构下大学生德育教育 [J]. 湖北文理学院学报, 2013, 34 (10)：78.

[9] 继美. 当代大学生德育教育探析与改革对策 [J]. 学理论, 2014 (10)：191－192.

[10] 靳希斌. 中国教育经济学理论与实践 [M]. 四川教育出版社, 2008.

［11］厉以宁．教育经济学［M］．北京出版社，1984.

［12］皮连生．智育心理学［M］．人民教育出版社，2015.

［13］南京师范大学教育系．教育学［M］．人民教育出版社，1984.

［14］程方平，等．大学体育与健康［M］．辽宁教育出版社，2018.

［15］匡志兵．大学体育与健康教程［M］．上海三联书店，2019.

［16］毛振明．大学生体育文化与实技教程［M］．东北大学出版社，
2016.

［17］申睿，倪晶晶．大学生美育［M］．高等教育出版社，2017.

［18］张文光．大学美育［M］．机械工业出版社，2017.

［19］何卫华，林峰．大学生劳动教育理论与实践教程［M］．厦门大学出版社，2019.

［20］楼锡锦．试论新时期大学生劳动教育的意义、内容及实施途径［J］．高等农业教育，2000，1（14）：57－58.